日本仏教史研究叢書

日本中世の地域社会と一揆

公と宗教の中世共同体

川端泰幸

法藏館

日本中世の地域社会と一揆――公と宗教の中世共同体――＊目次

日本中世の地域社会と一揆

――公と宗教の中世共同体――

序章　本書の課題と構成

第一節　本書の視座

本書は、日本の中世地域社会における共同体の形成から帰結までの過程を、宗教・公・一揆という三つの視座から捉え直そうとするものである。方法的には宗教史（仏教史・真宗史・神社史）・荘園史・村落史・地域社会史・民衆闘争史・政治史（とくに織豊政権論）といった、様々な領域に関わるが、とくには地域社会論の流れ、あるいは宗教史の流れの中に位置づけることができよう。

共同体というのは、本書では地域社会において一揆を形成する社会集団を念頭に置いている。一揆を日本中世の社会集団のどこに位置づけるかについては、大山喬平氏が提起した日本中世社会を構成する諸集団の類型を参考にしたい。大山氏によれば、中世社会における社会的諸集団は次のように区分されるという。

⑴イエ、⑵ムラ、⑶党・一揆・座・衆・武士団、⑷権門貴族・幕府（武家）・権門寺社、⑸国家(1)

大山氏は、自身が提起したこの社会集団が、それ以前の研究で明らかにされてきた社会集団とどう対応するのかについて、⑴直接生産者、⑵中世村落、⑶在地領主制と商工業座、⑷権門（荘園領主）、

(5)中世国家、に対応するものであるとしている。本書は、この大山氏の分類からすれば、とくに(2)と(3)を主対象とし、(2)(3)と対応する存在として、(4)(5)を位置づける。

(3)の、一揆という結合原理に基づく共同体の形成、それは、すぐれて中世的な事象であると言えよう。もちろん、近世、あるいは近代に至っても一揆と呼ばれる運動は数多く起こっているが、それは、諸階層を横断して複合的に起こるものではなかった。それに対して、中世の一揆の最終形態であったと考えられる一向一揆の場合、中核としての本願寺・門徒、それに東国・西国の諸大名や、その他の諸勢力を糾合して広範に展開したのである。こうした事態は、中世の、しかも限定された時期にのみ確認される事象であり、そこには何らかの歴史的意味があろう。一揆という共同体が形成されたことの意味を、地域社会を中心に論じてみることが本書の課題である。

第二節　一　揆

一揆については、中世民衆闘争史の形態として論じられてきた。とりわけ、中世社会には様々な形態の一揆が頻発する。一揆の時代とも呼ばれる所以である。そもそも、一揆は何らかの目的性をもって合意することによって形成される集団であるが、その特徴は、たとえば一族一揆のような族的結合の存続、あるいは、土一揆や徳政一揆のような、何らかの共通する要求をもった人々による要求達成のための一揆、といった具合に、必ず目的をもって形成される集団であるということが挙げられる。ただし、一族一揆のような場合は少し事情が異なるが、それ以外の場合には、その目的が達成されれば、それ以上一揆を結んでいる必要はなくなるのであり、解体することのできるものである。これは一揆のもつ時限的性格と言えよう。また、その可能性としては、原理上、土地制度上の枠組み、すなわち荘園や国郡の境界にとらわれることなく、どのような形態であっても結合することが可能な共同体であるという点がある。

こうした一揆は、たびたび、国家の主体たる諸権門など権力と、対立・交渉を行っていくのである。非常に流動的であり、決まった形態をもたない一揆は、不安定であると同時に、しなやかで強靭な共同体として、中世を通じて展開していくこととなる。以上が、著者自身の考える一揆の特質であるが、では研究史上、一揆はどのように扱われてきたのであろうか。簡単ではあるが、一揆研究自体の意義について、従来どのように語られてきたのか、あるいは、現在どのような課題を抱えているのか、そのような点について確認しておこう。まず、多様な形態をもつ一揆について、中村吉治氏は次のように述べている。

あるときは結び、あるときは戦う。いろんな立場のものが、そのときの状況で、結んだり敵対したりする。だから徳政一揆といういいかたが連想させるように、高利貸と民衆との闘争というごとき簡単なものではない。そうかといって徳政・徳政一揆とそうでない一揆と区別してみてもはじまらない。年貢未進を白紙にするのも徳政だし、山争論も水争論も一揆である。そういう錯雑さを汲みとって欲しいと思う。いたずらに整理し概括するのは危険なのである。一つずつの事件を、ていねいに整理するのが第一歩である(2)。

中村氏の研究は初期の研究ではあるが、土一揆というものを、中世と近世の間をつなぐ現象として、また、その多様性を受容した上で、歴史上の問題に引き上げたことは、間違いなく評価できる点であろう。また、一揆を区別することの困難さと危険性についての指摘は非常に的確な見解であると言える。一揆といえば、中村氏が規定したような一揆像、すなわち乱世の中で諸階層が流動的に結びつきながら、要求を貫徹させるための結集体を形成し、闘争を繰り返すといったイメージが強かった。中村氏が多様性・流動性を認識した上で検討を行うべきであるとした指摘は、今後の研究においても引き継がれるべき視点である。

こうした初期の研究から、やがて一九八〇年代には、一つの到達点としてシリーズ『一揆』が世に問われた。その中では中世史・近世史における一揆研究の成果と課題がよく整理されており、とくに中世史における一揆研究の課題として、中村氏が前提としたような動乱・争乱（乱世）との結びつきが強調されるという点が挙げられ、一揆の恒常的な性格を検討し、年貢・公事体系を負担する中世的百姓身分の成立と、その百姓らによる村落結合を基礎に発生する一揆像を描くことの必要性が指摘されている。さらに、その中では、一揆を無媒介に社会的矛盾などと連結させて理解する、安易な一揆像への注意が喚起されている。

（問題点は）社会的な矛盾、つまり一揆の客観的条件と一揆の「行動」があまりにも直結されすぎていることである。どのような悲惨も、ただちに集団的な「闘争」に結びつくのではない。ある時代の悲惨を受けとめる感情、怒り、批判、結集、行動などにも、それぞれ特有の歴史的様式がある。政治支配にたいする影響力についての記述はわりあいに工夫されており、そのことは大切であるが、それだけでは、一揆の主体的力量が十分に書かれたことにはならない。運動と意識の、それ自体の特徴が叙述される必要がある。[3]

ここで重要なのは、運動と意識の、それ自体の特徴が叙述される必要性を指摘している点である。しかし、こうしてみると、中村氏において、その流動性・重層性が指摘され、『一揆』においても同様のことが問題化されているのであるが、ではそれをどのように突破して一揆像を描くのか、統一的とまでは言わずとも、一揆が捉えどころのない「何か」のままでは、やはり一揆を研究すること自体の意義が曖昧化されてしまう危険性がある。このことを踏まえた上で、『一揆』では、次のようなことが、その執筆陣の共通認識であるとされている。

(1)　中世と近世の位置関係を明らかにするための有効な方法として、一揆研究に意義を見出す。

(2)　史的唯物論における一揆の位置について、上部構造・下部構造を越えて、文化・思想などとも相関関係をもつ運動現象であるとし、それゆえにこそ、上部構造・下部構造の両者をつなぐ可能性をそこに見出す。

(3)　様々な階層が結ぶ一揆であるが、基本的に、その主体を年貢・公事を負担する「百姓」身分に求める。

(4)　ただし、それは、百姓だけが一揆を形成したという意味ではない。

(5)　年貢・公事の収奪に対する「百姓結合」に基づいた対抗が、「前近代日本の固有の階級闘争」とみなしうる「一揆」の貫通的性格であるとする。

およそこの五点が、『一揆』において提起された一揆研究の可能性である。とくに、(1)から(3)については、今もって引き継ぎ、批判的に発展させていくことが可能な考えであると思われる。つまり、中世社会から近世社会への変化を考えるにあたって、一揆が有効な素材としてあり、上部構造・下部構造の議論からは少し離れて、運動現象として捉えることにより、生産諸関係にすべてを帰納してしまう轍から脱却した議論を展開しようとしているのである。こうした問題設定は非常に重要な意味をもとう。運動現象としての一揆は、必ずしも生産諸関係にのみ規定されるものではないのである。この前提は、本書においても、基本的に継承するものとしたい。ただし『一揆』が提起したこれらの問題意識は、結局のところ、十分にその後の歴史学で展開されてはこなかった。一つには、民衆闘争、あるいは民衆運動といったものを論じること自体の意義が曖昧化されてしまったことによるのであろうが、個別実証的世界へと転回していったのである。

そのような中で登場する一揆研究は、一揆そのものがあったことは認めつつも、それを民衆運動や民衆闘争といった結論にまでつなげるものはほとんどなかったと言ってよいのではあるまいか。何か、中世あるいは近世に特有の、民衆も含み込んだ運動形態の一つということや、その複合性や合目的性の部分を明らかにすることに重点が移っていった。一向一揆研究の第一人者でもある神田千里氏の議論は、そうした一揆研究の停滞状況および一揆理解の現状を如実に物語っている。

土一揆は民衆運動の中でも、特に村に属する住民が主体となった運動だと考えられてきた。この時代にひろく成立するようになる惣村、すなわち村住民の自治組織が中心的な主体であるとされてきたのである。……ところが、一方、土一揆の中には、大名や武士の被官人の姿も見え隠れしているのである。……民衆に支持された運動、と単純に言い切ることはできないからである。(4)

神田氏が指摘するとおり、土一揆とひと言で言っても、それが簡単に民衆運動と言いきれないのは間違いない。こうして土一揆が民衆運動ではないということを述べた上で、神田氏は、その正確な実態を明らかにすることの重要性を再三強調する。しかしである、ここで問題になることがある。土一揆が単なる民衆運動ではないという批判は妥当であるにせよ、それを承知の上で、その根底にある百姓、あるいは民衆の主体性を見出そうとしたのが中村吉治氏の研究であり、また『一揆』の意図ではなかったろうか。また、神田氏が言う実態なるものを明らかにすることが、いったいどのような展望を見出すことにつながるのであろうか。あるいは、今まではあまり着目されなかったが、権力との関係も強くあった、という「事実」がことさらに強調されることになれば、結局一揆というものは権力間抗争の一環である、として処理されてしまいかねないのである。そこには強い危惧を感じざるをえない。私はもちろん、安易な土一揆＝民衆闘争論の保護者ではけっしてないが、こうした、これまでの理解に問題点があるから、とりあえず「実態」把握ということで、はたしてその本質が捉えられるのであろうか。神田氏の議論は、やや強引に読めば、一向一揆にせよ、それ以外の多発した土一揆にせよ、織田信長などの統一権力と本質的には何らの違いもないということになるのであり、非常に危うい議論であると言わざるをえない。やはり、ここで改めて、そのもともとの問題に立ち返り、少なくとも『一揆』の段階で提起された諸問題の十分な検討の上に、一揆研究がなされるべきであると思われる。

第三節　地域社会

次に地域社会について、本書での位置づけを行っておきたい。一九九〇年代、地域社会論が飛躍的に発展し、中世史の中で大きな広がりを見せた。著者自身が研究の道を選んだ頃は、次々と地域社会論の「到達点」とも呼ばれた成果が出され、地域社会論全盛の時代であったと言ってよい。それゆえ、当然のことながら、本書に収めた論文の多くが地域社会論的手法に基づき、その影響を受けている。地域社会論については、様々なところでその成果および課題について言及されているので、ここでは、それらすべてを取り上げることはしないが、概略だけ述べておこう。

地域社会という概念の有効性を歴史学において提起した一つの画期は、三浦圭一氏の諸研究に求めてよかろう。なかでも、「日本中世における地域社会」と題した日本史研究会大会報告、および、それをまとめた論文は、三浦氏自身の意図がよく反映されており特筆すべきものである(5)。三浦氏において地域社会論の課題とされたのは、「流動的・重層的な地域像をどのように描く」かということであり、和泉国をフィールドに、政治・経済・文化・宗教など、必ずしも生産諸関係にのみ帰結しない様々な社会構成の要素を有機的連関をもって豊かに描き出したのである。

三浦氏の議論を実質的な嚆矢として、地域社会研究は一九九〇年代に大きな成果を出すことになる。一九九五年の『歴史学研究』では、地域社会論が特集で取り上げられた(6)。その意義は、「国家」の既存の枠組みにとらわれず、様々な要素によって自律的に形成されている「地域」の秩序を究明し、それが中世国家にどのような規定性を付与していたのかを積極的に評価してゆくことにより、「国家」自体を相対化する」ことであるとされる。また同誌は、永原慶二氏の所論をひいた上で、地域社会論の基本的視座について「地域的な領主制や民衆の地域的な結合がさまざまな形で形成・強化され、王朝・幕府を軸とする国家体制に対する批判と自己主張を強めてゆく」ものであるとし、「村落論・民衆運動論・一揆論・流通論などの豊かな達成」を総括したものが「地域社会論」であると規定している。

しかし、こうした評価の一方で、様々な反論も提起されている。とくに戦国期守護などを扱う研究者からは、あまりに、地域・民衆を過大評価しすぎていること、村落側と荘園領主・守護関係に専ら限定された議論であるがゆえに、権力構造の考察が欠如していることなどが指摘され、室町幕府─守護体制の変質過程などと結びつけて論じる必要性が求められている。(7)たしかに、国家を相対化する可能性をもつ地域社会論の視座は、その一方で、権力構造論などとの連関を不明瞭にさせてしまい、無媒介に国家と対置される自律的な地域社会というものを描き出してしまう危険性がある。

また、村落論・民衆運動論・一揆論・流通論などの諸研究領域を複合したものであるとされるが、実際には複合はされても統一はされていない。政治支配秩序とは異なる秩序の創出現象が存在していたことを明らかにしたということは十二分に評価されるべきであるが、現段階までに提起されてきた地域社会像が国家を相対化するに足るものとは言えない。たとえば民衆運動、あるいは一揆といった場合に、少なくともこれまでの民衆運動論、一揆論では行き詰まりがあったことを多くの研究者が語り、そのように認識しているはずであるが、それが地域社会論に包摂されたことで、それまでの諸研究において意識されていた課題が見えにくくなってしまったのである。行き詰まりを抱えた課題を複合化させることによって、それを突破する可能性もあったが、同時に、多くの課題を不分明にさせてしまったのである。

かつて黒田俊雄氏は東国国家論批判を展開する中で、地域という概念のもつ危うさの本質を鋭く指摘し、国家と地域との関係性は同列で論じることはできないと述べたことがある(8)。もしも、そのことを無視して、地域社会を国家と同等あるいは、それに比肩しうるものであると位置づけるならば、逆に、中世国家の特質を見失いかねない危険性をもつものになるということには十分に注意せねばならないのである。ただし、地域という概念を対置することによって、民衆史、一揆史、村落史などが解明しようとしてきたものを、包括的に扱うフィールドが設定可能となるのも事実である。ゆえに、国家と同列に考えるのではなく、あくまで国家というものの一部ではあるが、それに常に対抗・交渉する存在としての地域社会が存在していたこと、そのことの意味を明らかにしていくことで、中世日本の歴史像がより明確になるであろう。また、地域社会という空間認識は曖昧であり、まさに流動的である。それゆえに、注意深い検討を行わなければならないのであるが、村を横断し、荘園を横断して形成された秩序があった事実や、過半の民衆が生活した世界を、地域社会と把握することによって、行政上の境界領域にとらわれない、とくに人的な結合のあり方を明らかにすることができよう。もちろん、そのためには、村落・荘園といった問題、あるいは百姓そのものの社会的性格といった、根本的な理解を同時に確立していかねばならない。

第四節　公と宗教

次に、公であるが、和訓では「オオヤケ」と読む。公をめぐる問題は、現代に至るまで、様々に意味と形を変えながら、しかし、人間の生活を束縛している概念である。本書では近代的な公を直接扱うことはしないが、そこに重大な問題が含まれていることを忘れてはなるまい。では公をめぐる問題は、どこに位置するものであろうか。公概念は共同体における正当性の問題、イデオロギーの問題に関わってくると考えられる。公に対置される概念は私であるが、こうした問題は、従来、イエをめぐる問題として取り上げられてきた。近年、公共性、公と私といったことが盛んに議論されているが、こうした潮流には、非常に現代的な感覚から、過去にあった公の意味づけを行おうとする志向が感じられる。しかし、こうした理解の仕方は、地域論と同様、ともすれば対象とする時代の国家や共同体の位置づけを曖昧化し、見誤ってしまう危険性を孕んでいる。それゆえに、これまた慎重な態度で扱うことが必要である。

中世社会においては、公という問題は支配・被支配の関係をめぐる重要な概念である。公概念は、それを名乗る主体（個人であれ共同体であれ）に正当性を付与するものである。近世幕藩制国家において、将軍が公方・公儀であったことは、誰もが認める事実であろう。比較的一元化された公概念というものを近世社会においては看取することができると思うのであるが、中世社会では、そうした一元化された公はなかなか見出せない。というよりも、あらゆる階層において公という概念が成立しているのである。このことに関連して、黒田俊雄氏は、中世民衆にとっての国王（天皇）というものが「公」であり、私人に隷属しない自由な身分であるはずの百姓も、詰まるところ「公民」、すなわち「公」の民であったとし、いわゆる公共性という意味を含む「公」とみてはならないと指摘している。そして、それに対して、公共性を含む「公」という概念があてはまるのは、中世においては「衆」「大衆」「惣」「一揆」などであるとした。さらに、氏は後者の「公」の淵源を「原始」「太古」の自由の享受とみるべきではなく、マルクスの言う第二次的な共同体であるともしたのである(9)。

ここで着目したいのは、まず第一に、百姓身分が本来人格的に私人に隷属せず、限定つきではあるが「自由」な人々、すなわち公民であったということ。ただし、公民における公という概念自体が、古代国家における天皇家および朝廷や政府のことを指す言葉であり、その意味において、私領に服属するしかないという限界を抱えていたこと。第二に、そうした天皇や領主を指す言葉としての公とは異なるものとして、衆・党・大衆・惣・一揆などの共同体も別の意味で公（黒田氏によれば、西欧的共同体成員としての）であったということ。この二点である。つまり、大別すれば、天皇に淵源をもつ公と、百姓や在地領主層が形成した公（党・一揆・惣など）の二種類が存在していたということになろう。日本の歴史過程の中で、とくに中世においては、この両者がしばしば混同されるのであるが、このいずれに属するのかを見極めることは非常に重要な問題である。さらに、ここで、いわゆる民衆における公を体現したものとして一揆・党・衆・惣などが挙げられていることも重要である。この視座からすれば、本書で扱おうとする一揆は、まさにこの後者の「公」の体現された共同体の形態であると位置づけることができよう。

一揆が公の体現された形態であるとして、では、その公はどこから現れるのであろうか。もちろん、自治・自立といった百姓の成長があることは間違いないが、それに加えて、宗教というものが必ず関わってくることを見落としてはならない。一揆が、目的性をもって、階層や所属する共同体の異なる者同士の間に結ばれる共同体であるということは、先にも指摘したとおりであるが、その承認は神仏によってなされるのである。(10)これも単に呪術的な問題として片づけるのではなく、宗教と公との関係として問題化する必要がある。神仏の承認をもって創出されるものが公であるが、天皇権威に淵源をもつ公もまた、宗教性を帯びているからである。つまり、公と宗教をめぐる関係を見極めることが、支配イデオロギーの分析における鍵となる可能性があるということである。

公と宗教の問題を明らかにするということは、近世幕藩制国家を形成する前提となった信長・秀吉、さらには家康と、いずれの人々も、自ら公を目指すと同時に、神格化をはかったという事象にも関わってこよう。本書ではそこまでの議論を展開する用意はないが、そうしたことも射程に入っていることを付言しておきたい。

また、公を体現した一揆が形成する秩序こそ、地域社会論が明らかにしてきた地域という空間につながるものであるとも考えられる。かかる前提のもと、本書では、民衆における「公」と、その表現形態としての一揆、さらに、それと宗教との関係、この三つの視角から、中世社会の特質を見直してみたい。この三者の関係を明らかにすることは、たとえば、統一権力との相克という問題についても、何らかの見解を提示することが可能になるのではないかと思われる。

第五節　本書の構成

本書の構成は次のとおりである。

第一章　村落寺社と百姓・領主——地域社会の公と宗教——

第二章　紀ノ川河口部における神事と地域社会秩序——日前国懸神宮年中行事を素材に——

第三章　紀州惣国の形成と展開

第四章　戦国期紀州門徒団における年寄衆の性格

第五章　石山戦争と海の地域社会

第六章　天正十三年紀州仕置と秀吉の天下構想

本書は、大きく前半・後半の二つに分かれる。

まず前半（第一章〜第三章）では、公に着目し、黒田氏が言うところの第二次共同体的な「公」が、地域社会において、どのような過程を経て形成されていくのかを明らかにする。また、宗教性と不可分なものが公であり、一揆的結合であるという前提の上に立っているので、とくに宗教性との連関において問題考察を行う。

まず第一章では、紀ノ川流域に位置する根来寺密厳院領荘園、紀伊国相賀荘柏原村の村堂（西光寺）の売買・寄進文書などを中心に、西光寺を媒介に形成された地域秩序を解明する。西光寺への売買・寄進文書から復元した地域秩序は、信仰圏ともいうべきものであるが、村や荘といった、政治的・土地制度的な領域を横断して展開している。そのことの理由と、地域秩序を成り立たしめる公、さらにその背景にある宗教性との関係を究明する。第二章では、紀ノ川河口部に鎮座する日前国懸神宮（通称・日前宮）領荘園を対象に考察を試みる。日前宮領荘園でも信仰を媒介とする地域秩序が確認されるのであるが、これがいかなる性格をもつものであるのかという点について検討する。そこでは、とくに、応永年間に編纂された『応永神事記』なる神事記を素材に、日前宮の年中行事を復元し、その年中行事がもつ意味を考える。第三章は、第一章・第二章での考察を通じて確認してきた在地の公と秩序が運動形態としての一揆を形成する過程を検討する。事例として取り上げたのは、紀ノ川河口部に形成された一揆、紀州惣国である。

後半（第四章～第六章）では、主に元亀・天正年間の一向一揆および、天正十三年に行われた秀吉の紀州攻めを取り上げる。いわゆる土一揆や国一揆と一向一揆との差異については、様々議論があって、本願寺と門徒を核とする宗教的一揆に、土一揆や国一揆、さらに大名権力が加わったものであるという見方がある一方、たとえば金龍静氏のように、その本質を宗教一揆とみて、他の一揆との差異を明確にする必要性を指摘する研究もある。この問題について、本書では、本質、あるいは中核において存在する一向一揆（宗教一揆）と、そこに目的性をもって糾合された大名権力および諸集団の複合的一揆であると規定しておく。構成員の階層的差異などへの着目も、基礎作業としては重要なのであるが、それと同時に、歴史的な時間の中での潮流として捉える必要もあろう。

本書では、一向一揆の複合的性格を認めた上で、その複合性を可能ならしめた理由について検討する。第四章においては、一向一揆の中核を担うと考えられる門徒集団の指導者である年寄衆の性格について、とくに紀州門徒の事例から考察を行う。これは、一向一揆の主体がいかなる人々であったのかという構成主体の問題、さらには、一揆そのものの性格の問題につながろう。また第五章では、十一年にわたる一向一揆がどのような特徴をもっているのか、本願寺と門徒を中核とする一揆、およびそこに糾合された諸勢力との関係に有機的連関を見出すとともに、瀬戸内海の地域秩序との関係も含めて考察を行う。最後に第六章では、十一年にわたる元亀・天正の一向一揆が終結してのち、信長の跡を引き継いだ豊臣（羽柴）秀吉が行った天正十三年（一五八五）の紀州攻め（本書では紀州仕置と位置づける）の意義について検討し、とくに秀吉の天下構想の中に紀州仕置を位置づけることを試みる。

ちなみに紀伊をフィールドとして取り上げることの意味であるが、紀伊は、中世土地制度の基本である荘園の宝庫である。その点では中世的な性格が色濃く現れており、中世社会の特質を見取ることのできる可能性をもっていると考えた。また、本書で取り上げた惣国、元亀・天正の一向一揆を支えた雑賀一揆が展開したのも紀伊国である。一向一揆の敗北、惣国の解体、この両者はいずれも中世社会が生み出したものであり、それぞれに、信長・秀吉という統一権力との対決の後に帰結を迎えている。とすれば、この両者を軸に統一政権も視野に入れた検討を行うことは、中世社会の史的特質を看取することにつながると考えられる。そのようなことから、紀伊をフィールドに定めた。

内容は以上のとおりであるが、在地社会において形成された公が地域秩序を形成し、やがて一揆という運動を起こし、それが統一権力との対峙を経て解体されていく過程を考察する、というのが大筋である。おそらくは、現在の研究の主流をなす移行期論的な立場からすれば、旧説への逆戻りとすら映るかもしれない。しかし、縷々述べてきたように、中世と近世の間に転換なり断絶を見出す視点そのものは、これまでの研究で完全に否定されたり、あるいは存在意義が失われたわけではない。とすれば、従来の視座も含み込みながら再検証することにも意味はあるはずである。そのような問題意識をもって本書を展開したい。

本書は、二〇〇四年に大谷大学に提出した学位請求論文「日本中世の地域社会と一揆」をもとにしている（学位授与は二〇〇五年三月）。学位請求論文自体、それ以前に発表した論文と新稿でまとめたものであるが、もとより、各時点における自らの認識や方法論に基づいて執筆したものであるから、必ずしも、本書の意図に沿った検証作業や論理展開がなされているわけではない。しかしながら、改めてこのように再構成してみたところ、本章で提起したような問題を明らかにするものとして、あるまとまりを見出すことができたのである。

本書をまとめるにあたって、できるだけ大幅な改訂は避ける方針をとった。あまりにも問題関心から外れるものや、論理上問題があるものについては、やむをえず、全面改訂のような形をとったものもある。とくに第四章については、原型をほとんどとどめておらず、その点をあらかじめ、お断りしておきたい。

註

（1）大山喬平『日本中世農村史の研究』（岩波書店、一九七八年）。
（2）中村吉治『土一揆の研究』総説（校倉書房、一九七四年）。
（3）青木美智男ほか編『一揆史入門』序論（一揆1、東京大学出版会、一九八一年）。
（4）神田千里『土一揆の時代』（吉川弘文館、二〇〇四年）。

（5）三浦圭一「日本中世における地域社会　和泉国を素材として」（一九八〇年度日本史研究会大会報告、『日本史研究』二二三号、一九八一年）。
（6）『歴史学研究』六七四号（一九九五年）。
（7）川岡勉「室町幕府――守護体制の変質と地域権力」（『日本史研究』四六四号、二〇〇一年）。
（8）黒田俊雄「中世における地域と国家と国王」（同『権門体制論』〈黒田俊雄著作集第一巻、法藏館、一九九四年、初出一九八七年〉）。
（9）黒田註（8）前掲書。
（10）入間田宣夫「逃散の作法」（同『百姓申状と起請文の世界　中世民衆の自立と連帯』第Ⅰ部第一章、東京大学出版会、一九八六年、初出一九八〇年）。

第一章　村落寺社と百姓・領主
——地域社会の公と宗教——

はじめに

中世社会を理解するにあたって「公」と「宗教」の関係を明らかにすることの重要性は、序章で指摘したとおりである。ここでは、そのことを検証するために「公」と「宗教」が収斂する場として、村落寺社を考察の対象に設定する。中世の村落寺社（いわゆる村堂と村落鎮守社の二つを指す）が在地においてもつ意義の大きさと、その研究の必要性は、かなり以前から指摘されている。たとえば、清水三男氏は、村堂が村民の堂として中世村落生活の中心に存在していたことを明らかにした上で、

地方の小堂・小庵は村人の集会所として、村人の自治生活の中心となり易く、又その目的で新しく営まれたものもあつたと思ふ。中世仏教の大衆化は、このやうな庵堂を中心として進められた所が極めて多かつたのではないかと思ふ。かゝる村堂はその性質上、村の鎮守と極めて似た性質を有するのであるが、鎮守が村の祭に主に関したのに対し、一層広く村人の生活の多方面と親密な関係をとり結んでゐたのではないかと思ふ。(1)

と、村堂の性質を指摘している。また藤木久志氏は、清水氏の提起を受けて、惣堂研究の重要性に着

目し、村の慣習と村堂の関係を解き明かしている。[2] しかし藤木氏の指摘にもあるように、惣堂＝村落寺院についての研究には未解明の点が多く、今後、村堂や鎮守の性格と村落との関係を明らかにする必要があると言えよう。さらに地域社会における村落祭祀の意味について検討を行った榎原雅治氏は、こうした鎮守などの村落寺社の性格を「中世の百姓の共同性を象徴する場であり、彼らにとって最も身近な「公」を体現する場」[3]であったと指摘している。村落寺社は、いわば村人の精神的営為・現実的生活の両側面において結集の中核となる空間であり、村人の信仰と政治が同時に展開する場であったことが想定できる。とすれば、中世社会における「公」と「宗教」の関係を考えるにあたって、村落寺社を明らかにすることの重要性は明白である。加えて、村落寺社が村人にとっての「公」と「宗教」の中心であったという前提が成立するのであれば、そこにおいて展開する百姓と領主の関係も、おのずから見えてくることになろう。

かかる問題意識の上に、本章では、鎌倉時代末から室町初期にかけて、その展開過程を追うことのできる紀伊国相賀荘柏原村[4]の村落寺社、西光寺（柏原御堂）と、証誠権現社を取り上げる。

第一節　村落寺社の性格

柏原村の検討に移る前に、紀伊国紀北地域における村落寺社をいくつか取り上げて、その性格を確認しておこう。

①日前宮領諸郷の堂

紀ノ川河口部、名草郡にある紀伊一宮である日前国懸神宮（以下、通称にならって日前宮と呼ぶ）領の場合を見てみる。日前宮は、もともと封戸を与えられた古代以来の神社であったが、平安末期になると、封戸を相博して膝下直轄封郷を獲得し、さらに荒野開発によって社領を拡張している。(5)この神領に存在する堂として、津秦堂や、黒田堂、(6)冬野東西堂、(7)坂田堂など、多くの堂がほぼ郷ごとに存在していることが確認できる。(8)これらの堂がいかなる役割を果たしたのか、詳しいところまではわからないが、郷ごとに存在し免田を有していることから、少なくとも領主が直接支配できる性格のものではなく、諸郷住民の信仰における中心的存在であったとみることができよう。鎌倉時代の文永六年（一二六九）には、日前宮の国造・宣親が西大寺叡尊を招いて多くの人々に授戒させているが、その際、叡尊は日前宮の神宮寺とともに、「散在諸堂三十余所堂内」における飲酒などを停止するよう禁酒令を敷き、さらに八百九十四人に菩薩戒を授けた。(9)この事例から、村人が集う信仰の場としての村堂の性格が窺える。

②根来寺大伝法院領山東荘矢田観音堂

根来寺大伝法院領荘園山東《さんどう》荘にある矢田観音堂は、大伝法院が荘園支配の中核として設置した信貴《しぎ》伝法院の近隣に位置し、現在の観音寺に比定される。のちに紀ノ川河口部を中心とする惣国一揆が形成された時、隣荘、三上荘重禰《しこね》郷の年貢米は、この村堂に収納するよう惣国での決定がなされている。(10)伊百姓を中心に形成された惣国が請け負う年貢米が、(11)領主政所ではなく観音堂に納められる事実は、伊藤正敏氏がすでに着目したところであるが、(12)惣国による地下請が成立していたことを示しており、荘園領主政所ではない村落寺院に百姓らが年貢米を納めるという、在地の経済的な側面においても中核となる場であったことがわかる。

③粉河寺領東村の鎮守（王子神社）

粉河寺領東村にある王子神社は(13)、大量の中世惣村文書(14)を有していることでも有名な神社である。重要なのは、この神社が村落生活と密接に関わった神社であるという点である。東村には名づけの慣行など、百姓の生活に関わる儀礼があるが、その名づけを記した「名附帳」がこの鎮守に納められており、それ以外にも村の共同意志を示す重要で公的な性格をもつ文書がこの鎮守に納められている。

【史料二】東村地下定書

地下之定せいほう《（制法）》の事

上下へ口をきゝ候ハん人ハ、地下のあく人にてあるへし、万一上よりそ人《（訴人）》なき公事をおほせ候ハヽ、地下一身ニ御わひこと《（侘言）》申可候、若とう人《（盗人）》候ハヽ、見やい《（見合）》ニうつ《（討）》可ものなり、若御とか《（咎）》め候ハヽ、地下より御わひ《（侘言）》事申可候、仍定所如レ件、

延徳三年無神《（神無）》月廿四日(15)

これは延徳三年（一四九一）に東村の地下が定めた制法である。強固な共同体規制を示すと同時に、自力救済に基づく地下の検断権が明示されているものであるが、この村の自治を示す重要な文書が王子神社に納められていることに注目したい。この事実から、王子神社が村落民衆の信仰の中核であると同時に、公的な性格を有していたことがわかる。

以上、わずか三例のみであるが、これらの村落寺社から見出せた性格は、①村の信仰の中心にあること、②村（あるいは郷）単位で存在していること、すなわち村人の生活世界により近い存在である

こと、③村落の意思決定に基づく村落法などを記した公的な文書を保管する場であり公性を帯びた場であること、の三点である。これらのことから、中世社会における村落寺社は、民衆の精神的・現実的両側面において生活の中心に位置するものであったと言えよう。では、この村落民衆の中心となった寺社に対して、領主がいったいいかなる関わり方をするのか、また③の公性はいったい何に由来するものであるのか、なぜ村落寺社が村の公的な文書を保管しえたのか、などが次に解かねばならない課題となる。以下、一つの事例をもとに、その点について検討を行おう。

第二節　密厳院領相賀荘柏原村——西光寺・証誠権現社と地域社会

1　相賀荘の概観

ここでは紀伊国相賀荘柏原村にある村落寺院西光寺および、西光寺が別当を勤める証誠権現社を事例として、考察を進めていく。

西光寺がある柏原村は、中世には相賀荘と呼ばれる荘園に含まれる村落であった。相賀荘自体については、すでに熱田公氏[16]や原田信男氏[17]の荘園史・村落史の視点からの研究、また現地荘園調査に立脚して惣墓と惣との関係から宗教秩序を検討した坂本亮太氏による研究[18]などがあるが、今一度、ここで相賀荘について概観しておきたい。

相賀荘は新義真言宗の祖である覚鑁（一〇九五〜一一四三）の高野山における住房であった密厳院の領として立荘された荘園で、初見は長承元年（一一三二）の鳥羽上皇院宣案である[19]。覚鑁は、高野山で伝法二会の復興などに努めた人物で、鳥羽上皇との間に親密な関係を築き、そのために高野山は大きく発展を遂げることになる。しかし、のちに大伝法院座主職と金剛峯寺座主職を兼帯したことが原因で、金剛峯寺衆徒との間に激しい対立が起こり、覚鑁は高野山を去らざるをえなくなった。高野山を下山してからは根来の地に移り、独立して教団を展開した。この覚鑁の高野山下山に伴い、相賀荘も、以後は根来寺領として存続していくこととなるのである。

相賀荘の空間的な広がりを見てみると、当初は紀ノ川をはさんで南北に広がる形態をとっており、所有を契機に、本来あった生活世界としての領域を任意に切り取るかたちで成立したものであったことが窺える。のちに、後醍醐天皇期、高野山による旧領回復運動が起こり、空海に仮託された『御手印縁起』に基づいて多くの旧領が高野山に帰すことになった[20]。いわゆる「元弘の勅裁」である。これを機に、相賀荘は紀ノ川をはさんで南北に分割され、紀ノ川河南が相賀南荘として高野山領に、そして残る河北の相賀北荘だけが根来寺領として確保されることになった。近隣荘園としては、西隣に高野山領官省符荘、東隣には石清水八幡宮領隅田荘があり、荘園内を要衝交通路であった大和街道が東西に横断しているという立地条件にある。

このような空間構造、政治的条件のもとに領域確定され、また分割されるという過程を経験した相賀南北の荘園は、いったいどのような村々を含んでいたのであろうか。奥書に応永五年（一三九八）の年紀をもつ相賀大神社所蔵の「相賀荘惣社大明神神事帳写[21]」によれば、相賀北荘には市脇村・東家《とうげ》村・小佐田《こさだ》村・妻村・馬場村・胡麻生《ごもう》村・細川村・橋谷村・慶賀野《けがの》村・柱本《はしらもと》村・辻村・小原田村・菖蒲谷村・出塔《でとう》村・柏原村・神野々《こうのの》村・野村、そして相賀南荘に禿童《かむろ》村・向馬場村・畑村・清水村・

向添《むかそい》村・横座村などの村落の名が確認でき、基本的には荘園—村落という構造で構成されている。ちなみに、神事帳に分割後の南北相賀荘の村々が書き上げられていることからも明らかなように、相賀荘惣社大明神社が、元弘勅裁後の応永年間においても、南北相賀荘において何らかの神事・祭礼を中心とした秩序を維持していたようである。このことは、のちに述べることとも関わるのであるが、こうした信仰を媒介に結ばれる秩序というものが、荘園という土地所有制度の枠組みを越えて形成されていることに注目しておきたい。

また領主としては、荘園領主である根来寺や、在地の開発領主である坂上氏が挙げられる。坂上氏は、古くより在地における開発領主として存在していたが、密厳院領となってのちは下司職に補任されており、その職の相伝を子々孫々に至るまで確約されて、実質的な現地経営にあたっていたとされている。同氏はもともと、高野山領官省符荘に根拠を置く在地領主であったが、坂上経澄が高野山政所の所司を殺害した事件をきっかけに官省符荘を追放され、その後も高野山とは様々な相論を起こすなど、複雑な経過をたどっている。坂上氏は、その後に拠点を相賀荘に移し、「生地」と姓を改め、近世に至るまで在地領主としての立場を保っている。[22]

また、宗教の側面に目を転じると、荘園惣社としては根来寺が勧請した相賀大神社[23]があり、その他、各村落に小規模の寺社が多く存在している。ここでは、それらのうちの一つである柏原村の証誠権現社および、別当寺の西光寺を取り上げて検討していきたい。

2　証誠権現社・西光寺と周辺村落――売買・寄進を中心に

まずは、「柏原御堂」とも称される西光寺が、村落においていかなる存在であったのか、民衆が西光寺に求めたものが何であったのかを、土地などの売買・寄進という側面から検討する。

次に掲げる**表1**は西光寺文書(24)の中から寄進状・売券など寄進と売買に関する史料を集め、その中から寄進、あるいは売買の対象・目的・内容等が明確にわかるものを抜き出して一覧にしたものである（なお手継証文類および直接西光寺を指していないもの等については省略している）。

まず、第一に指摘できるのが、土地の売買や寄進にあたって、その対象の中に「西光寺」もしくは「西光寺阿弥陀仏」と明記されているものが多く確認できる点である。人から人へと土地を売買するのは当然であるが、人から仏への売買・寄進が行われているのである。また、土地の売買・寄進状況の中で注目されるのが、これらが柏原村一村内に止まるのではなく、周辺村落から近隣の荘園にわたって広く展開しているということである。領主を異にする人々が、それぞれの事情に応じて他領の人々とこうした経済行為を頻繁に行っているのであり、百姓らの土地所有に関する観念が、少なくとも荘園という枠組みだけではなかったことを示していると思われる。

では、どのように権利が動き、西光寺阿弥陀仏までたどり着くのであろうか。手継の例を一つ挙げてみよう。これは官省符荘山田村にある水田の手継の事例であるが、①鎌倉後期の嘉元四年（一三〇六）、紀行友なる人物が相賀荘菖蒲谷村タワノ《タツノ》垣内にある屋敷一所と、田地を処分し、千松女に譲り渡している(25)。②その後、千松女は元弘三年（一三三三）に、譲り受けた所領のうち水田（大＝二四〇歩）のみを、隣荘高野山領官省符荘山田村の村落寺院（山田寺）に「乃米九石」で売り渡している[26]。さらに、③貞和五年（一三四九）には、山田村人らが「村人ノサタトシテ、ヨウ〳〵アルニヨ」って、その水田（大）を西光寺へ「柏原西光寺仏物」として売り渡している[27]（表1―9）。約四十年の間に、菖蒲谷村にある水田の権利が、人から人、人から仏物、仏物から仏物、というかたちで移動している。

この事例では、第一に、けっして大きくないとはいえ、水田大という土地の所有権が、仏あるいは仏の安置される寺院を媒介に移動するという点が注目される。百姓の土地私有のあり方は様々にあると思われるが、自らの物を「要用」があったにせよ、仏の物として売り渡す背景には、後生善処・現世安穏という百姓の願望があったことが想定できる。いずれにせよ、鎌倉後期から南北朝にかけて、村落寺院を中心に個人および共同体における財産所有のシステムが確立されていった過程を窺うことができよう。

また、別の事例では、トウク房なる人物が、高野政所すなわち官省符荘の紺野村に所在している先祖相伝の畠地の片子（加地子）を施餓鬼のために西光寺に寄進している[28]（表1―22）。また孫太郎という人物も、官省符荘にある田地（大十歩）を西光寺に売り渡している（表1―23）。そのほかにも、藤二郎は「父母ノ孝養タ」めに、米五斗を二月彼岸会法要の料米として「柏原村仏モツ」との名目で寄進している[29]（表1―7）。他の事例を見ても、ほとんどが現世安穏・後生善処のためであり、西光寺の阿弥陀仏が村人らの信仰の中心にあったことを示している。

さらに、西光寺に集積される土地や米・銭などの財産が、柏原村のみではなく近隣の荘園・村落から幅広く寄進・売買されており、西光寺阿弥陀仏への信仰を媒介として結ばれる地域秩序がたしかに

所在地等	寄進者・署判者	年月日	時　代	区分	文書番号
紀伊国伊都郡相賀庄密厳院之御領河北柏原村	藤原行房・嫡子九郎	正応2年(1289)11月日	鎌倉後期	売渡	5
紀伊国伊都郡相賀御庄シヤウフ谷タハノカキウチ	山田村人	嘉元4年(1306)7月6日	鎌倉後期	売渡	8
紀伊国伊都郡密厳院領相賀庄之内河北方柏原	権律師西阿	延慶3年(1310)12月26日	鎌倉後期	売渡	9
紀伊国伊都郡伝法院領相賀庄内河北方柏原村字迫田	沙弥覚上	元徳元年(1329)12月15日	鎌倉後期	売渡	13
相賀庄内河北紺野柏原村僧万名		建武4年(1337)12月9日	南北朝	寄進	20
紀伊国伊都郡相賀庄河北字柏原村せムシヤウ垣内	生子女・嫡女アクリ女	康永4年(1345)6月25日	南北朝(北朝)	売渡	24
	藤二郎	康永4年(1345)11月8日	南北朝(北朝)	寄進	25
紀伊国伊都郡密厳院御領相賀庄内河北柏原村西光寺鏡(鐘)突堂南	道省	正平8年(1353)6月19日	南北朝(南朝)	寄進	28
紀伊国相賀庄河北方シヤウフタニ(菖蒲谷)村内字タツノカキ	山田村人	貞和5年(1349)7月28日	南北朝(北朝)	売渡	30
	(坂上)義澄	正平7年(1352)11月27日	南北朝(南朝)	寄進	32
紀伊国伊都郡密厳院領相賀御庄内之河北柏原村西光寺鏡(鐘)突堂南	道省	正平8年(1353)5月19日	南北朝(南朝)	寄進	33
紀伊国伊都郡相賀御庄河北タワ(ツ)ノ村内字小田	長教・嫡子辰法師	正平9年(1354)2月13日	南北朝(南朝)	売渡	35
	常念・慈仏・惣一・又五郎	暦応3年(1340)11月15日	南北朝(北朝)	寄進	37
那古曾田井	座子女・彦五郎	正平16年(1361)8月11日	南北朝(南朝)	寄進	38
紀伊国伊都郡金剛峯寺御領政所河北方山田村字近江谷	兵衛三郎	正平20年(1365)2月25日	南北朝(南朝)	売渡	41

表1 売買寄進一覧表（『和歌山県史』中世史料1所収 西光寺文書より）

	対 象	目 的	備 考	内 容
1	一結講衆	志傾於仏心、為柏原村西光院之灯油田、	一結講衆仁宛能米七石	田大・畠小
2	柏原西光寺	処分		水田大
3	柏原村西光寺阿弥陀仏	為現世後生		田一段
4	柏原村西光寺御堂	依有要用	於向後者、為柏原村人計、不可有他妨者也、	水田三百三十歩
5	柏原西光寺	為現世安穏後生善処	作人未進之ときハ、作職をとりあけて、村人中ニ可作之、	田大・畠小
6	柏原村阿弥陀寺	依有要用		畠二段
7	柏原村仏モツ	父母ノ孝養タメニ	二月ノ時正中日ニケツシユウトフラウ可	米五斗
8	柏原村西光寺阿弥陀仏	為現世後生		畠五十歩
9	柏原西光寺仏物	ヨウヨウアルニヨテ	(山田)村人ノサタトシテ	水田大
10	証誠権現社	寄進		公事銭
11	柏原村西光寺阿弥陀仏	為現世後生		畠五十五歩
12	柏原西光寺仏物	依有要用		田小
13	西光寺	二人ノ親ノ教(孝)養ノ為		米五斗他
14	柏原村之御堂西光寺阿弥陀仏	為悲母		田一段
15	柏原之西光寺の阿弥陀仏	依有要用		田大

所在地等	寄進者・署判者	年月日	時　代	区分	文書番号
	チヨマツ女	正平20年(1365) 3月30日	南 北 朝 (南朝)	寄進	42
紀伊国伊都郡相賀庄柏原村字中屋垣内	坂上広澄・嫡子小法師丸・代官神主	正平24年(1369) 3月7日	南 北 朝 (南朝)	売渡	43
名古曾田井サヤノ池内	孫太郎	文中2年(1373) 12月6日	南 北 朝 (南朝)	寄進	45
紀伊国高野政所山田村ノ内、イマミタノミヤノウシロ	孫太郎・チャクシイチホウシ	弘和元年(1381) 12月19日	南 北 朝 (南朝)	売渡	49
紀伊国伊都郡高野政所河北山田村ノ内、字カワラケカキ内	セムツル・嫡子ヒコ三郎	弘和元年(1381) 12月19日	南 北 朝 (南朝)	売渡	50
紀伊国伊都郡相賀庄河北字柏原村	大平殿・日輪時(寺カ)・蔵□人殿・ヲムタイク神主	弘和4年(1384) 3月11日	南 北 朝 (南朝)	売渡	51
紀伊国伊都郡高野政所字コウノヽ村内ユワエトノミソノヲノキタウラ	トウク房	元中元年(1384) 9月15日	南 北 朝 (南朝)	寄進	52
紀伊国伊都郡高野御領政所河北字今ミタキ	孫太郎・嫡子市法師	至徳4年(1387) 12月1日	南 北 朝 (北朝)	売渡	54
紀伊国伊都郡相賀庄河北楠（柏）原村内字アセノ	明澄・御嫡次郎殿	明徳5年(1394) 3月11日	南 北 朝 (北朝)	売渡	57
紀伊国伊都郡相賀庄河北テキタウノ村内字アセノ	朝証・トキノツカキ小二郎	応永8年(1401) 12月11日	室町	売渡	59
紀伊国伊都郡相賀庄河北柏原村内字トノモト	相観	応永10年(1403) 11月8日	室町	寄進	60
	小若江源中・原四郎衛門浄観	康正2年(1456) 3月日	室町	寄進	63

注）文書番号は、『和歌山県史』中世史料1所収　西光寺文書の番号。

	対　象	目　的	備　考	内　容
16	西光寺之阿弥陀仏	毎年八月ノヒムカン(彼岸)に念仏ノタメに、ケンせアムヲンコシヤウセン所（現世安穏後生善処)		米六斗
17	柏原村阿弥陀寺	依有要用		田大
18	柏原村ノ西光寺阿弥陀仏	為二親		田百歩
19	カシワラノ阿弥陀物	ヨウ、ウアルニヨムテ	ムラ人コシンタイ(御進退)とアルヘシ	田大十歩
20	カシワラノ阿弥陀仏	ヨウ、、アルニヨムテ	ムラ人ノコシムタイ(御進退)トアルヘキモノナリ	田大
21	西光寺之阿弥陀仏	依有要用		田大
22	カシワラノアミタホケ(柏原の阿弥陀仏)ニ	七月ノせカキ(施餓鬼)		畠一所
23	西光寺阿弥陀仏	依有要用		田大十歩
24	西光寺阿弥陀仏	依有要用		水田一段
25	柏原阿弥(陀脱)仏	依有要用		水田半
26	柏原阿弥(陀脱)仏	コセウホタイ(後生菩提)ノ為	相観シ(死)、テノ、チ(後)ワ、サクシキヲハ村シンタイトアルヘキモノ也	畠小
27	証誠宮	任往古例		斗米・公事銭

存在していたことがわかる。こうして蓄積されたものが仏物になるということは、藤木久志氏も指摘するように村の惣物になることと同義であり、まさに一部上層民の独占を防ぎ、村の管理のもとに置くことで共有財産として位置づけられたのである。そして、仏物として蓄積された土地や作職は、村人の計らいによって進退されると明記されるところから（表1―19・20・26）、西光寺と阿弥陀仏の実質的な管理者が村人自身であり、彼らが村落寺院の信仰を支える主体であったことがわかる。これは、西光寺が領主の政治的支配体制の中における装置の一つなどではけっしてなく、あくまで、村人たちの信仰によって支えられる「公」的な場と認識されていたことを示すものではなかろうか。

かかる状況が顕著になるのが、先にも述べたように鎌倉後期から南北朝期にかけての時期であるというのも、重要な点であろう。南北朝内乱による職の体系の動揺、荘園社会秩序の混乱といった中で、村人らは自らの権利を守るに最も相応しい場として村落寺院を選び、共有財産、あるいは私有財産を「仏物」の形に変化させることによって守ろうとしたのである。もっとも、経済的な理由のみで理解することはできない部分もある。このことは先に指摘したことであるが、彼らは寄進文言に明記するとおり、西光寺で彼岸会などの法要を執り行っており、現世安穏・後生善処を祈り、父母孝養のために寄進を行っていたのであって、信仰という聖なる領域に属することと、財産保護という俗的な領域に属するものの二つに応えうるのが中世の仏であり、村落寺院であったと言えるのではなかろうか。とりわけ、南北朝内乱による大混乱期を生きぬかなければならない時代にあって、こうしたシステムが百姓らの手によって生み出されたことの意義は大きいと言わねばなるまい。

第三節　村落寺社と公

1　村人と公の関係

さて、こうしたシステムを生み出した「村人」であるが、彼らはいったいいかなる性格をもつ人々であったのか。その点についても確認しておく必要があろう。

まず「村人」が西光寺を管理する主体となる前段階で、西光寺の財産等を管理し、仏事を遂行する人々の存在が確認される。それが「結衆」と呼ばれる人々である[32]。「結衆」は「一結講衆」とも呼ばれており、仏への結縁によって結ばれた講集団であった。こうした結衆の存在は、柏原村のほかにも海部郡の加太荘[33]などでも確認されるもので、いずれも村落における経済の中心、もしくは信仰の中心にいる人々である。柏原村では、とくにこの西光寺における仏事遂行に責任をもつ者としての性格が色濃く表れている。たとえば、次の史料でそのことを確認できる。

【史料二】藤原行房田畠売渡状

（端裏書）
「カウトノセマチノ文書」

売渡　田畠事

合田大、畠小者、在字柏原村

四至　有本券、在紀伊国伊都郡相賀庄密厳院之御領河北柏原村、右件田畠者、藤原行房所二買取一田畠也、雖レ有下可レ放二他人一子細上、志傾二於仏心一、為二柏原村西光院之灯油田一、一結講衆仁宛二能米柒斛一、限二永代一、本券二通共所二売渡一実也、但有二他人之妨一時者、可レ返二本直一、縦余者雖レ不レ返二本直一、於二此地一者、依レ為二仏物一、為二行房之沙汰一、可レ奉レ返二本直一者也、仍為二後日沙汰一、放二新券一之状、如レ件、

正応二年戊丑十一月　日　藤原行房（略押）

嫡子九郎（略押）[34]

右の、正応二年（一二八九）藤原行房の田畠売渡状によれば、もともとはほかの人に売り渡す予定であった田畠（田大・畠小）を「志傾二於仏心一、為二柏原村西光院之灯油田一」として「一結講衆」に「能米七石」で売り渡している（表1―1）。「能米七石」を出したのはおそらく「一結講衆」であり、彼らが実質的にこの土地を買い取ったものと思われるが、「一結講衆」は西光寺の財産集積および資金運用をも担っていたことが窺える。また、正応六年（一二九三）の柏原御堂結衆田券紛失状には、浄蓮房・越後殿・備前殿・与一殿・平太郎・佐藤大夫・行龍上座・蓮仏房・蓮行上座・藤八大夫・来善房・源次郎ら十二名が結衆として名を連ねており、「殿」と呼ばれる殿原階層と思われる人々、「房」号をもち法体と思われる人々、単に、俗名のみの平百姓層であろうと思われる人々、という三種類の階層に分かれる人々が相寄って構成されるのが結衆であった。彼らは花押をもつ者、略押だけの者、略押さえもたない者がおり、この点からも一律の身分の者で構成された組織ではなかったことが指摘できる。

これだけでは、まだ一部の上層民による財産占有であるという疑問も残るかもしれないが、彼らは

そうした権利の一方で、村に対しての責任を負わねばならない立場でもあった。

その責任とは、たとえば康永四年（一三四五）の藤二郎利分米寄進状案[35]などに見られる。利分を父母孝養のためとして寄進した藤二郎が、二月時正中日（彼岸中日）には、藤二郎の父母の菩提を「ケツシュウトフラウ可」し、とあって、彼岸の際、父母供養を執り行うことを結衆に求めているのであって、この事例からも、結衆の権利と責任が存在していたことは明らかである。結衆は村人から財産（職や銭などの動産、田畠などの不動産を含めて）を買収、あるいは寄進を受けた場合には、その寄進に見合うだけの仏事を滞りなく執り行うことが責任として要求されていたのであって、けっして上層民による独占的な財産集積ではなく、百姓と結衆の合意の上に行われた行為であったことがわかろう。その後、南北朝中頃になると、結衆・一結講衆はその名を現さなくなり、引き換えに「村人」と記される人々が主体となっていく。その「村人」の性格とはいかなるものであったろうか。次の史料は明応六年（一四九七）であるから、室町時代に入ってから記された柏原村寄合についての定書である。

【史料三】柏原村寄合人数定書

（端裏書）「ウシロカナヤノ二人中へ」

定　柏原村之よりあい（寄合）之人数之事

南ニ　窪之坊　一人

北村殿　一人

前金屋藤七　一人

後金屋之数　二人

毎度此衆五人して村の談合可レ有候、此旨背候共、しやういん（承引）あるましく候、仍所レ定如レ件、

明応六年丁巳十一月廿一日

窪之坊（花押）
藤　七（略押）
北村方（略押）
助三郎（略押）[36]
助二郎（略押）

明応六年（一四九七）の段階における村の代表者がここに記されている。彼ら五人の合議によって村の寄合が行われるのであるが、これは村落の意思決定を行う合議機関であり、僧侶や職人を含む柏原村の公的組織であったことがわかる。このように、柏原村においては領主とは別に、村人が主体となる村落結合が成立しているのである。このことと、先にみてきたような村人の西光寺および阿弥陀仏への関わり方を併せて考えると、彼らが西光寺阿弥陀仏への信仰を基に、村堂のもつ聖俗両面の公性から、在地における「公」を創出していった状況が明確に見えてくる。

次に問題となるのは、村人らが形成した「公」がいかなる機能をもっていたかということである。そのことを確認するために、次の史料を掲げる。

【史料四】柏原村人衆置文案

（端裏書）
「ムラノフシツ状」

定　不実状之事
右シサイ《（子細）》ワ、村ノ斗米・公事銭ノ日記一通、形《（刑）》部三郎入道年行事ノトキ、天文十四年ノ巳年ニ取ウセ申候間、シせン《（自然）》イカヤウナル人ニテモ候へ、ウせソロ《（失せ候）》日記ヲトリイタシ候て申コト候共、サラ〳〵モチヰ《（用）》申マシク候、村人ト人数トシテ申候サタメ候トコロヲ、ヨノカタヨリ申候ハヽ、タウシンノサタ可有物也、仍定トコロ如件、
天文十五年十一月丙午十五日
村人衆ヲノ〳〵(37)

これはかなり時期が下った天文十五年（一五四六）に記された置文である。村人衆という人々によって記されたものであるが、村の斗米・公事銭に関する日記が紛失した際に定めたものであることがわかる。村にとって斗米および公事銭の定めというものは非常に重要な意味をもつものである。年貢・公事に関わる問題であり、一般的な理解からすれば、領主との交渉の中で、年貢斗代に関して両者が折衝を行い、妥協点を見つける、という地下請との関係が思い起こされる。おそらくこの斗米・公事銭に関わる日記も、そうした村の「公的負担」に関する権益確保のための記録として記されたものであろう。荘園文書や惣村文書の性格について分類検討した榎原雅治氏によれば(38)、年貢公事散用状や結解状など荘園領主に提出される文書の中で、最も重要な性格をもつものが日記であり、これらには引物や免除の内容など、いわゆる年貢公事減免の詳細が記され、証拠書類として村にとって非常に重要な意味をもっていたとされる。こうした視点に従えば、柏原村の日記が失われたことは、村にとって大事件であったと言える。日記については村の中で選ばれた年行事が管理していたようである

が、形《刑》部大夫なる人物が年行事の時に紛失してしまったことで、村としては急遽そのことに対応しなくてはならなかったのであろう。村人らは紛失した日記に関して、その効力を無効にすることを決め、のちにその日記が出てきたと言ってくる「イカヤウナル人」が現れても、けっしてその意見を用いてはならないと定めた。ここでの「イカヤウナル人」とは紛失したものを発見したと言って村に負担をかけてくる人物であろうから、領主層であると考えてよかろう。つまりこの日記が村の「公的負担」に関わるものである以上、その負担を左右する領主の手に渡ることを、村人らは必死に避けようとしているのである。このように、領主に対して、村の「公的負担」の問題を代表して交渉するのが「村人衆ヲノ〳〵」であったということは、ここまでみてきたことから明らかな事実であり、「村」を中心に形成された、いくつかの階層を含む住人による「村人」集団が、実質上、村落の「公」を担う人々であった。

2　領主と村人——証誠権現社と公事・斗代

では、彼ら村人が形成した「公」は何に根拠を置くものであったのか。領主権力から委譲されたものか、もしくは奪取したものであったのか、それとも村として生み出したものであったのか。先ほどは「西光寺」がその背景にあったことを指摘したが、さらに領主と村との関係に眼を向けてその点を補強しておきたい。

【史料五】柏原村氏人等紛失状写

立申　粉《紛》失状之事

右子細者、為紀伊国伊都郡相賀之御庄柏原証誠権現御供・灯明・祭礼、自根（来脱カ）寺御寄進候之処、実正明白也、就中本証文者、寛正四年癸未七月十五日ニ畠山殿（義就）当国岡之城ニ御取籠候之処ニ、山名タンシヤウ（弾正是豊）殿、御タヰシヤウ（大将）ニテ御せメ（責）候、然間物取乱入し、取アエス本証文・斗米・公事銭其外数之宝物、権現之社内ニ隠シ置申所ニ、物取引ウシナヰ候之間、為二後日亀鏡一、此粉（紛）失状立申所、如レ件、

寛正四年癸未十一月十三日　柏原村　氏人各々敬白

享保拾乙巳十月先年写

右之通、従二御公儀一、寺社由緒就二御改一写認差上候、

以上(39)

この史料は寺社由緒改めの際に写された近世の写であるが、中世のことを論じるにあたって、内容的にはとくに問題がないと思われるので取り上げる。これも先に見たものと同様、斗米・公事銭に関わる事件の記録である。寛正四年（一四六三）、畠山氏と山名氏との争いの折、「物取」が乱入してきたため、柏原村では本証文・斗米・公事銭・その他宝物などを証誠権現の社に隠し置いたが、結局盗まれてしまうことになったという旨を記した紛失状である。ここで注目したいのは、はじめの部分である。柏原証誠権現社の御供・灯明・祭礼について、根来寺からの寄進によるものであったことを「実正明白」であったと記している。証誠権現社は先にも述べたように、西光寺が別当を勤める、いわば本社であり、柏原村の村落鎮守である。その鎮守社の御供・灯明・祭礼に関して荘園領主である

根来寺が寄進をすることは、往古からの慣習であり、これを正当な権利であると村人らは主張しているのである。証誠権現社がいかなる性格をもっていたかについては定かではないが、彼岸会などの仏事法会に関して西光寺が村落および近隣の信仰の中心であったように、証誠権現社も神事・祭礼などの年中行事の側面において柏原村の信仰の中心に存在していたようである。

また、畠山・山名両氏の合戦の際に村の本証文・斗米・公事銭・宝物などを隠す場として機能していたことも重要である。中世社会においては、戦乱の中で財産を保護するために、寺社や城などに財産を預けたり隠したりする「隠物・預物の習俗」が存在していたことが論証されているが[40]、証誠権現社も同様の機能を備えていた。その上、個人の財産のみではなく、村の公的負担に関わるものを隠すという非常に重要な役割を果たしていたということができよう。こうした事例はほかにも確認できる。

【史料六】原浄観・小若江源中連署寄進状（折紙）

柏原村斗米・公事銭等之事、任二往古例一、証城(誠)殿宮可レ為二寄進一者也、仍状如レ件、

康正二年
卯月日

小若江入道
源中（花押）

原四郎衛門入道
浄観（花押）

神主殿[41]

これも同じく、斗米・公事銭をめぐる村落と領主の関係を示す史料である。小若江源中・原浄観の

両名が「柏原村」の「斗米・公事銭」を「往古例」に任せて証誠権現社に寄進しているのである。この事例は、単に領主層から斗米・公事銭が寄進される行為ではない。ここまでみてきたように、証誠権現社は村落鎮守として、管理・運営を「村人」らが行っており、村人らの基本的な権利として領主からの斗米・公事銭寄進行為が保証されていたとみるべきであろう。

また次に掲げる史料は、さらに上位の荘園領主根来寺や、地頭領主との関係を示すものである。

【史料七】柏原惣村地下・神主等連署申状案（折紙）

畏申上候、

このおりかミ《折紙》のことく、地頭御方へしたゝめまいらせあけ《認め進らせ上げ》候、なとき《何時》も如此こたへ《答え》あるへく候、

抑々柏原なたしやう〱宮田之事、わうこし候て、根来三宝院より斗米・公事銭御きしん《寄進》かくれ《隠れ》なく候、諸人御存知の事にて候、今もつて、仏供・灯明・神事・さいれい《祭礼》毎年退転なく候、しかしなから、御祈禱と思食、御宮田に差置候ハヽ、一向地下繁昌たるへく候、

一生地殿、又一族大平殿・西郷殿御内乍《作》御入候、さ様のき候て、合残下地しやう〱こけん《証誠権現》の御宮田にて御入候、いつれにもわうこ《往古》よりのことく御差置候て下され候ハヽ、しせん御尋方候ハヽ、地下衆罷出御返事可レ申候、仍此旨預二御披露一候ハヽ、所レ仰候、謹言、

卯月九日

柏原村

地下より

神主判

大工判(42)

進上

これは、柏原村の地下と神主が共同で認めた申状の案である。しかも袖に記された書付の内容からわかるように、地頭方へ提出する文書の雛型として記されたもので、いかなる時もこの申状案のとおりに返答するように定めたものである。地下・神主・大工らは、証誠権現の宮田について、往古以来、根来寺から斗米・公事銭を寄進されていたことを確認した上で、それが「諸人御存知」のことであるとする。さらにその寄進によって「仏供・灯明・神事・祭礼」が退転なく行われてきたので、「御祈禱」のためと「思召」し、宮田として存続してもらえるならば、「一向地下繁昌」につながるという。これは、証誠権現社の神免田である宮田は、領主が交代しようとも保証されるものであることの正当性を主張するための申状である。逆に言えば、領主の代替わりなど上部権力の変化によって、村が獲得してきた宮田などの免田、斗米・公事銭が減らされる危険性が常にあったことを示していよう。彼らはこれを「往古」よりの先例という先例主義、そして「仏供・灯明・神事・祭礼」という年中行事の遂行という名目を楯に村の既得権の存続を主張しているのである。生地・大平・西郷など族的結合をもつ在地領主層に対しても「内乍《（作）》」の田（領主直営田）を宮田として寄進することを、これも先例に基づいて要求しており、このことに対して何か尋ねられた際には、「地下衆」が領主の前に罷り出て申状に記した旨を披露すると定められている。こうして村人らは、証誠権現社の聖性を論理の中心に据えて、村落の権利を守る在地慣行を着実に構築していったのである。

また、この文書の主体者が「柏原惣村」であるということも注目するべきである。証誠権現社はあくまで「柏原惣村」の鎮守社であり、村人の神社にほかならなかったのである。そうした立場にある村人らの主張する論理は非常に計算されたものであった。申状には「一向地下繁昌」という文言が現

れるが、薗部寿樹氏はこの文言について、

ここで明らかに読み取れるのは、領主修正会で祈禱される「庄家繁昌」の撫民イデオロギーが、「地下繁昌」という形で在地によって先取りされ、逆転されたかたちで利用され、領主年中行事の負担とは逆に在地年中行事用途留保の論理となっている点である。(43)

としている。領主による撫民イデオロギーとしての年中行事への公事を負担する百姓が、逆に村落鎮守社や村堂などを中心にした村落の年中行事体系の中に領主を取り込もうとするということになる。「庄家繁昌」という撫民論理が、百姓らによって「地下繁昌」へと転換されているのである。

【史料八】義澄公事銭寄進状

奉㆓御寄進㆒　本宮田二段ノ都弁、起シヤウノクシせ（起請の公事銭）ニ請放、御宮ェナカク寄進シ奉実也、依後日

証文為状、如㆑件、

正平七年壬辰十一月廿七日(44)

義澄（花押）

右に掲げた史料も、そうした前提のもとに読むべきである。在地領主は村人との年貢・公事を媒介にしてとり結ばれる関係を、何の制約もなしに確保しえたのではなく、こうした在地年中行事、在地の信仰の体系に自らも入ることなくしては、年貢・公事収取という経済関係を維持することはできなかったのではなかろうか。

さらに領主と証誠権現社との関係をみるために、**表2**を掲げる。**表2**は、長享二年（一四八八）三月吉日に記された証誠権現社の堂上葺の葺き替え費用と負担者を記したものである。まず、第一の入

表2　堂上葺入目日記より負担一覧

100文	西川殿	勧進
100文	彦四郎	勧進
500文	カウノ、［　］(神野々村カ)	
100文	カナヤエンホウ	勧進
100文	大平殿	勧進
400文	シミツ（清水村）	
500文	キヤウチホウ	勧進
4斗4升7合	シヤウフ谷（菖蒲谷村）	
100文	市ワキ（市脇村）	
100文	助六	勧進
100文	カナヤ大ク（金屋大工）	勧進
100文	クホノ（窪之）坊	勧進
300文	テイタウ（出塔村）	
100文	谷内クホノ大夫	勧進
100文	ヲクノ坊	勧進
2斗	吉原	

注）本表は西光寺文書81（『和歌山県史』中世史料1）をもとに作成した。

目負担者は、神野々村・清水村・菖蒲谷村・市脇村・出塔村・吉原村の六カ村である、それぞれの位置を確認すると、神野々村は柏原村の南、清水村は紀ノ川をはさんで河南の高野山領相賀南荘に。吉原村は西隣の高野山領官省符荘内、菖蒲谷村は柏原の北で、柏原との間に出塔村が位置している。市脇村は柏原の東南で、根来寺の勧請による荘園鎮守である相賀大神社のある相賀荘の中心村落にあたる。これら一帯に広がる村落が、いかなる背景によってかかる奉加を行うことになったのかは、さらに検討を要するが、史料を見るかぎり、荘園鎮守惣社への信仰よりもむしろ、村落鎮守である西光寺と証誠権現社を中心としたものであり、政治的な恣意とは別の要因によって自立的に形成された信仰圏であったと言えるのである。かつ彼らの負担が勧進などを受けてなされたものではなく、「公事」すなわち百姓が負うべき当然の義務として記されているということは、村々こそがこの事業の主体者であったことを示している。

一方、公事負担としてではなく、勧進によってこの上葺に参加している人々を見てみる。彼らはすべて個人名であって、公事負担ではなく、勧進に応じて資金を提供しているのである。西川殿・大平殿などの殿原層の者に加え、史料三に名前の確認できる村寄合代表者である窪之坊・金屋大工なども名を連ねている。つまり在地領主や村の上層民は、個人として勧進に参加することによって、証誠権現・西光寺を信仰の中心に仰ぐ村々の宗教的ネットワーク、年中行事体系の中に自らを位置づけることができるのであって、一方の村々は荘園を越えた村落同士の結合を形成しているのである。

以上みてきたように、西光寺・および証誠権現社は村落の「公」性の象徴であり、村人らの権利などを含めた正当性の根源にほかならなかった。とくに村落鎮守・村堂という場に関するかぎり、領主はそれを無視して年貢・公事収取の経済的関係を安定的に維持することはできず、斗米・公事銭という百姓が負担するべきものを寄進というかたちで村に還元することや、自らの所有する直営田などを寄進することによって、地下繁昌を実現しうる領主として村落との間に安定した関係を取り結ぶことができたのである。その意味で、柏原村に関して言えば、在地領主および荘園領主は、証誠権現・西光寺を背景に村人が創出した「公」を否定することはできなかったと言えよう。

3　宗教と地域

証誠権現社と別当寺の西光寺が柏原村とその周辺地域における信仰の核となっていたことは、これまでの検討から明らかになったと思われるが、そのほかにも、証誠権現社において正月行事の朝拝や結鎮[46]が行われており、この村落寺社を中核に据えた年中行事体系がたしかに存在していたことも窺える[45]。ただし、その一方で、根来寺が勧請した荘園惣社の相賀大神社を中心に形成された信仰圏もあり、[47]

西光寺を中心とする信仰圏との相関関係については今後の課題である。一点、ここで問題点を挙げておくとすれば、相賀大神社を中心にした信仰圏もけっして根来寺領荘園にのみ限られるわけではないということである。相賀大神社の御幣料を負担している村々の中には、元弘の勅裁で高野山領になった紀ノ川河南の相賀南荘の村々が記されており[48]、荘園領主が設置した神社であっても信仰を集め、荘園が分断された後も御幣料を負担する信仰秩序が存在していたことがわかる。こうした信仰を媒介にして形成される秩序もまた、地域社会を形づくる重要な要素である。この問題を抜きにして、経済的諸関係のみで地域社会を論じられないことは、最前よりの考察から明らかであろう。

またもう一点重要なこととして、西光寺と証誠権現が真言教学に基づく荘園領主根来寺の信仰とは異なるものであったことが挙げられる。柏原村鎮守の証誠権現社と別当寺西光寺の本尊阿弥陀如来との関係は、証誠権現社の別称「熊野社」からもわかるように、熊野信仰とのつながりを連想させる。証誠権現社は熊野本宮の証誠権現を勧請してきたものであると考えられ、西光寺阿弥陀仏は、その熊野証誠権現の本地仏である阿弥陀如来[49]になぞらえたものではなかろうか。また西光寺本尊阿弥陀仏への寄進や、証誠権現において行われた正月朝拝の入目に「一日のおこないに、三帖牛玉かミ（紙）、さんまい（散米）一升ツヽ、来年のさしとう（差頭）に牛玉一本ニ料足一本ツヽ[50]」とあることから、儀礼のあり方も、熊野信仰に基本を置くものであったと思われる。つまり熊野信仰とそれに基づく阿弥陀信仰が西光寺と証誠権現を中心にする信仰の本質であり、現世安穏・後生善処を希求する村人らにとって、この阿弥陀仏への信仰が非常に大きな意味をもっていたと考えられるのである。

西光寺文書は最も早い時期のものでも、鎌倉前期の寛元年間であり[51]、それ以前に西光寺が存在していたのかどうかは不明であるが、熊野信仰の浸透がそれ以前であったことは十分に想定可能であろう。

おわりに

最後に簡単なまとめと見通しを述べて本章を終えたい。西光寺と証誠権現社は、村落寺社として信仰の側面と経済的な側面の聖・俗両面にわたって村人の生活の中心にあった。つまり日々の生産活動と信仰という精神的営為を同時に取り結ぶ場であったのである。この意味において、鎮守や村堂などの村落寺社は再評価される必要があろう。また、こうした村落寺社の本質的性格を、いわゆる荘園領主の支配イデオロギー装置とのみみるのは正しくない。あくまで主体は村の側にあるのであって、領主は、その年中行事体系に、いかに関わるかが問われたのである。

かかる村落寺社の性質は、同時に村の「公」性を生み出す根拠ともなった。先にも確認したように、当初は結衆という上層民が主体であったが、南北朝内乱を契機に「村人衆ヲノ〳〵」と称する人々が柏原村の「惣」を名乗り、惣有財産の管理や対領主交渉を展開していくことになる。彼らが村落の意思決定権を握り、領主に対して公事銭・斗米の寄進を求め、「一向地下繁昌」と主張する背景には、西光寺阿弥陀如来と証誠権現という仏神の存在があったのである。経済関係において成り立つ支配と被支配の関係は、信仰の領域にまで介入することは基本的にできないものであると考える。とくに信仰における仏神と村人との関係には世俗の支配・被支配の関係を持ち込むことはできないのであって、それゆえにこそ、領主は村の信仰秩序に対して、寄進などの行為で、それを追認せざるをえなかったのではなかろうか。このように村落寺社を中心に形成された「公」は、まさに在地の側から形成された「公」であって、かかる「公」が領主の経済的領域における「公」に対して主張を展開しうるところに、中世社会の「公」の特質と、領主—民衆の関係があったのである。

註

(1) 清水三男『日本中世の村落』第五章(『清水三男著作集』第二巻、校倉書房、一九七四年、初版一九四二年)。
(2) 藤木久志「村の惣堂」(同『村と領主の戦国世界』第一章、東京大学出版会、一九九七年、初出一九八八年)。
(3) 榎原雅治「中世後期の地域社会と村落祭祀」(同『日本中世地域社会の構造』第三部第一章、校倉書房、二〇〇〇年、初出一九九二年)。
(4) 現・和歌山県橋本市柏原地区。
(5) この前後の事情については、本書第二章で触れる。
(6) 黒田堂があるのは、日前宮所在の秋月郷から北西に位置する黒田郷であるが、鎌倉時代の乾元二年(一三〇三)八月に記された鐘の銘文に「知識文 紀州神宮 黒田堂也 金剛寿院知識文」とあることから、金剛寿院が黒田堂であったことがわかる(紀州神宮金剛寿院知識文「東草集」〈『校刊美術史料』下〉、『和歌山市史』第四巻、鎌倉一八五)。
(7) 冬野郷は日前宮の封郷ではなく、大治の築堤による荒野開発で形成された和太荘内の郷である。冬野東西堂の存在は「元応二年和太庄中分一方帳」(国立国文学研究資料館史料館蔵)という、元応二年(一三二〇)の領家(日前宮)と地頭(不明)の和太荘中分に際して作成された一方帳に確認される。なお「中分一方帳」は、海津一朗編『和歌山平野における荘園遺跡の復元研究——中世日前宮領の研究——』(平成一五~一七年度科学研究費補助金研究成果報告書、二〇〇六年)に翻刻紹介されている。
(8) 日前宮領における村堂の展開は日前宮文書の検注帳などに見られるものであるが、現在、同文書は公開されていないため、本書では『角川日本地名大辞典　和歌山県』(角川書店、一九八五年)などの記述に拠った。

（9）『感身学正記』文永六年（一二六九）十月条に、「十月上旬、依二備後入道妙蓮之請一、紀伊国金剛宝寺字紀三井寺講二梵網十重一、七日、名草郡神宮御領十九郷之内、禁二断殺生一、御読経所、神宮寺及散在諸堂三十余所堂内、飲酒乱舞、寺中酤酒酒宴停止状、捧レ之、十九日八百九十四人授二菩薩戒一」とある（細川涼一訳注『感身学正記』、平凡社、一九九九年）。

（10）年未詳十一月三十日付　重禰郷百姓等申状案（「間藤家文書四六」、『和歌山県史』中世史料二）に「将又今月五日ニ惣国会合之御定にハ、当郷之御年貢米ハ、山東屋多《やた》之観音堂江、悉次之七日ニ納可レ申分候へハ」と、惣国によって納所が決定されていることがわかる。

（11）惣国が百姓を意思決定の重要構成要素として含みこんで形成されたことについては、本書第三章を参照されたい。

（12）この文書を惣国一揆との関係で初めて着目したのは、伊藤正敏氏である。同「紀州惣国と在地領主」（『史學雑誌』一〇一巻一一号、一九九一年）。

（13）現・和歌山県紀ノ川市粉河町東野に位置する。

（14）王子神社文書（『和歌山県史』中世史料一）。

（15）延徳三年十月二十四日付東村地下定書（王子神社文書一五五、『和歌山県史』中世史料一）。

（16）熱田公「紀州相賀荘について」（藤島達朗・宮崎圓遵編『日本浄土教史の研究』、平楽寺書店、一九六九年）。

（17）原田信男「南北朝・室町期における「惣」的結合の成立――紀伊国伊都郡相賀荘柏原村――」（『地方史研究』一五二号、一九七八年）。

（18）坂本亮太「惣墓からみる中世村落――「惣」と惣墓との関連を中心に――」（『ヒストリア』一八二号、二〇〇二年）。

（19）長承元年十二月九日、鳥羽上皇院宣案に「密厳院庄一処　相賀」とある（『根来要書』上）。

（20）小山靖憲「高野山御手印縁起と荘園制」（同『中世寺社と荘園制』、塙書房、一九九八年、初出一九八八年）。

（21）相賀大神社文書一（『和歌山県史』中世史料一）。

（22）山陰加春夫編『きのくに荘園の世界』下巻（清文堂、二〇〇二年）。

(23) 相賀大神社に関しては、相賀大神社文書(『和歌山県史』中世史料一)を参照されたい。
(24) 西光寺文書は、かつて石田善人氏が『ヒストリア』に「柏原区有文書」として史料紹介しているが、その後、『和歌山県史』中世史料一に翻刻掲載されているので、本章では『和歌山県史』に拠っている。
(25) 嘉元四年七月六日付紀行友屋敷田畠処分状(西光寺文書八、『和歌山県史』中世史料一)。
(26) 元弘三年十一月二十二日付紀千松女田地売渡状(西光寺文書一八、『和歌山県史』中世史料一)。
(27) 貞和五年七月二十八日付山田村人等田地売渡状(西光寺文書三〇、『和歌山県史』中世史料一)。
(28) 元中元年九月十五日トウク房畠地寄進状(西光寺文書五二、『和歌山県史』中世史料一)。
(29) 康永四年十一月八日藤二郎利分米寄進状案(西光寺文書二五、『和歌山県史』中世史料一)。
(30) 藤木註(2)前掲書。
(31) 畿内村落の事例を取り上げて、やはり南北朝期が村落にとっても大きな転換点であったことを三浦圭一氏が指摘している。三浦圭一「南北朝期内乱の畿内村落」(同『中世民衆生活史の研究』第二篇第三章付二、思文閣出版、一九八一年)。
(32) 結衆については、石田善人氏の研究で言及されている。石田善人「郷村制の形成」(岩波講座『日本歴史八中世四』、一九六三年)。
(33) 加太荘の場合には、「むつひ」や「結」という名称で現れるが、彼らは主に地下の土地売買に関わっており、土地を買い取り集積していたようである。このことから、加太荘の場合にはとくに、経済的な「講」の性質をもっていたものとみられる(向井家文書、『和歌山県史』中世史料二を参照)。
(34) 正応二年十一月日付藤原行房田畠売渡状(西光寺文書五、『和歌山県史』中世史料一)。
(35) 註(29)前掲文書。
(36) 明応六年十一月二十一日付柏原村寄合人数定書(西光寺文書七三、『和歌山県史』中世史料一)。
(37) 天文十五年十一月十五日付柏原村人衆置文案(西光寺文書七九、『和歌山県史』中世史料一)。
(38) 榎原雅治「荘園文書と惣村文書の接点」(同『日本中世地域社会の構造』第三章、校倉書房、二〇〇〇年、初出一九九六年)。

(39) 寛正四年十一月十三日付柏原村氏人等紛失状案（西光寺文書六七、『和歌山県史』中世史料一）。なおこの文書は享保十年（一七二五）の写である。
(40) 藤木註(2)前掲書。
(41) 康正二年卯月日付原浄観・小若江源中連署寄進状（西光寺文書六三、『和歌山県史』中世史料一）。
(42) 年未詳卯月九日付柏原惣村地下・神主等連署申状案（西光寺文書一一〇、『和歌山県史』中世史料一）。なお、「しせん御尋方候ハヽ、地下衆罷出御返事可㆑申候、仍此旨預㆓御披露㆒候ハヽ、」の一文は、原文書では圏点補入になっているが、ここでは、該当箇所に入れる形に改めている。
(43) 薗部寿樹「村落の歳時記」（『日本村落史講座』六巻、生活①、雄山閣出版、一九九一年）。
(44) 正平七年十一月二十七日付義澄公事銭寄進状（西光寺文書三一、『和歌山県史』中世史料一）。
(45) 文中二年十二月六日付朝拝頭人帳（西光寺文書一一五、『和歌山県史』中世史料一）。
(46) 天正十五年正月十日付結鎮頭人帳（西光寺文書一二〇、『和歌山県史』中世史料一）。
(47) この点は、正和四年三月二十八日相賀荘惣社大明神神事帳写（相賀大神社文書一、『和歌山県史』中世史料一）参照。なお、この文書は複数の文書を写したものであり、年紀の異なる文書が一巻にまとめて写されている。
(48) 註(47)前掲文書。
(49) 豊島修「熊野三山の神仏習合と熊野信仰」（同『熊野信仰と修験道』第Ⅰ部第二章、清文堂出版、二〇〇五年、初出二〇〇一年）。
(50) 元亀三年二月二十四日付正月入目日記（西光寺文書八八、『和歌山県史』中世史料一）。
(51) 最も早い事例としては、寛元二年三月三日付坂上氏女田地相博状（西光寺文書一、『和歌山県史』中世史料一）が挙げられる。

第二章　紀ノ川河口部における神事と地域社会秩序

――日前国懸神宮年中行事を素材に――

はじめに

第一章では、公と村落、そして宗教の関係を、紀ノ川中流域の荘園を素材に検討してきた。そこで明らかになった地域秩序の形成と宗教との関係を、さらに具体的に把握することが本章の課題である。その前に、まずは近年の研究動向を踏まえて、何を明らかにするのか、問題の所在を提示しておきたい。

近年、地域社会論の深化・発展に伴い、荘園や村落を「地域」の枠組みで把握し、構造や特質を明らかにする方法も新たな局面を迎えている。たとえば、寺社を中心に据えて、寺社同士のネットワークや、地域社会に生きた人々のネットワークを明らかにしている近年の研究成果などは、そうした新局面の一つと言えよう(1)。寺社を地域社会の、とくに精神生活の核とみる視座は、古くは清水三男氏の段階ですでに提起されていたが(2)、その視座をもって実際に豊かな具体像を描くまでになったのは一九九〇年代以降のことである(3)。榎原雅治氏が進めた村落鎮守を中心とする地域秩序の解明、井原今朝男氏による民衆統合儀礼の発見(4)、一宮に関する基礎的かつ総合的研究成果(5)、荘園制社会における宗教構造を扱った苅米一志氏の研究(6)などがあり、先頃には『民衆史研究』誌においても特集が組まれるなど(7)、寺社と地域社会を結ぶ研究は次々に成果が蓄積されつつある。

このような研究状況を受け、本章では寺社と、その年中行事に着目し、地域社会秩序のあり方について考察を加えたい。寺社の特性については論者によって異なるところもあろうが、ここでは、寺社の多様な性格を重視する。すなわち、荘園領主的側面、国衙在庁・守護など領主の精神的支柱としての側面をもち、領主支配において経済的・イデオロギー的な役割を果たす存在でありながら、同時に、民衆にとっては信仰・奉加の対象であり、一揆を結ぶ際の民意体現の象徴的空間にもなるという、多様性をもつ点に、寺社を素材にする意味があると考える。換言すれば、寺社とは中世社会に生きた人々（しかも諸階層にわたる）が交わる舞台であったと言うこともできよう。かかる理解に基づく研究は、宮島敬一氏によって一九八〇年代、すでにその端緒が開かれているが(8)、今後さらに発展させていく必要がある。

また、寺社には、神官・巫女・相撲・大工・国衙在庁など、様々な専門技能をもつ職能の民の姿がある。地域社会を構成する人々が、階層はもちろんのこと、職能においても各々異なる技能をもち、相互に交流があったとすれば、寺社という舞台から百姓と職能民によって形成される地域社会を描き出すことも可能となろう。『新猿楽記』を素材として大山喬平氏が論じたように(9)、都鄙間を往復する職能者・国衙在庁らの動向があり、彼らが集う寺社を、京都および諸国と在地の文化が交差する場であったと位置づけることができるのである。つまり寺社に着目することで、身分的・文化的な交流の様相を含めた地域社会秩序の具体相を明らかにすることができるものと考える。

かかる前提に基づき、本章ではフィールドを紀伊国の紀ノ川河口部の寺社に求める。この地域は、荘園研究や地域社会論の視座からの研究が十分にはなされておらず、課題が山積しているのが現状である。それはとりもなおさず、日前国懸神宮（以下、通称に従い日前宮とする）領の解明が進んでいないことによる。現在も、日前宮文書の大部分は未公開であるが[10]、近年、いくつかの文書や記録の写が紹介され、ようやく研究を進めることが可能となってきた[11]。以下、日前宮領および日前宮の年中行事を中心に、近隣諸寺社との関係を検討することで地域社会秩序の形成過程を跡づけ、そこに展開する中世地域社会の様相を復元していきたい。

第一節　一円神領の形成——開発と相博

1　灌漑開発

紀ノ川下流域に鎮座する日前宮は、国造紀氏が社司を相伝する神宮で、日像鏡（日前宮）・日矛鏡（国懸宮）を神体とし[12]、古代以来準皇祖神としての性格から朝廷権力とも深い関係を有していた。平安末から鎌倉には開発・相博によって膝下一円所領を形成し、名草郡の過半を領有することとなる。この所領の前身は『新抄格勅符抄』[13]に「日前神　五十六戸　紀伊国」「国懸神　六十戸　紀伊国」と記載される封戸であった。封戸から一円神領へと発展させた契機は大治二年（一一二七）に日前宮が着手した塩入荒野開発に求められる。名草郡南部に位置し、和歌浦湾を西に望む盆地の開発は当該期の開発と比較しても相当大規模なものであった。この一帯の条里復元を行った中野榮治氏によれば、この地は北に和太川、南に亀ノ川という二河川に挟まれ、両河川の河口部に近く、とくに北の和太川に和歌浦湾からの潮水が逆流する低湿地帯であったため、耕作するに耐えない地であったという[14]。このことは、大治二年に出された紀伊国在庁官人らの「解案[15]」に「塩入」のため「年来之間敢不レ能二開作一」と記されていることからも確認することができる。

日前宮は古代以来の「御封」の「代」として開発することを決し、「四十余町」にわたる堤を築いて事にあたった。この築堤に関しては史料が少ないため、不明な点が多いものの、先の「解案」を見ると、正倉を中心に形成された名草四院[16]のうち、和太荘に境界を接する神宅院・郡許院・三上野院の院司らの署判があり、国衙と合力しての開発であったことは確かである。日前宮と国衙は、祭祀のみならず、灌漑開発の側面においても密接につながっていたのである。それは日前宮が名草一帯を潤す大規模灌漑用水「宮井」の開発主体であり、用水開発自体、古墳時代にまで遡る[17]とされることから考えれば、古代以来の用水開発者たる日前宮と国衙との間に結ばれた関係は、当然であったとも言えよう。この用水維持に対する国衙の姿勢は徹底していた。宮井用水は別名を「国衙堰[18]」とも呼ばれており、この宮井を守るために国衙は軍事発向も辞さない構えであった。永暦元年（一一六〇）に洪水で取水口が決壊した時、国衙は大伝法院領内へ強引に取水口を付け替える工事をしようとし、反発する大伝法院に対し、目代・在庁官人を主体として軍事発向をしている[19]。それほどまでに、国衙にとって宮井が重要であったのであろう。また大治六年（一一三二）には、国造紀良守の子息良佐が紀伊権守として見え[20]、宮井用水による灌漑を媒介とする国衙・日前宮の相互依存関係を窺い知ることができる。

このように国衙と日前宮との合力体制によって形成された神領であるが、それが領主層の恣意性のみでは達成しえなかったことも忘れてはならない。大治開発から数十年降った建久五年（一一九四）、国衙在庁である栗栖（紀）実俊が日前宮領に北接する直川郷の開発を企図した。この地もまた紀ノ川氾濫源の荒蕪地であったが、その地を再開発し「松門別名」と称する別名を立てんとした実俊は、「解案」[21]を提出している。その際、彼は「在郷刀禰」の署判を申請しているのである。これが実俊にとって開発を行うために必要不可欠な要件であった。刀禰が在地において祭祀権を掌握するとともに、開発主体でもあったことは、すでに錦昭江氏[22]によって明らかにされているとおりである。これらのことから、国衙による政治的な承認と在地の祭祀・開発権を有する刀禰の合意、この両者をもって初めて開発が行われたことがわかる。とすれば日前宮領の開発もまた、日前宮・国衙・在地の三者による合意に基づいてなされたと考えることができるのではなかろうか。

2　公領相博による膝下所領形成

前述のごとき所領開発の一方、日前宮は国衙領である公郷と封戸の相博も行い、神宮を中心とした膝下一円領を獲得していく。大伝法院が、寺領である山東荘への課役賦課および日前宮神人らの狼藉停止を訴えた天養二年（一一四五）の「陳状」[23]には「前司親能之任、以㆓去保延六年二月十八日㆒、以㆓社辺巨多之公地㆒、建㆓四至一円之神領㆒云々」と記され、また応保二年（一一六二）の「重解案」[24]に「保延六年比、止㆓散在諸郡之神領㆒、相㆓博社辺一□（円カ）之便地㆒、称㆓神宅新庄㆒、押㆓籠百町公領㆒」とあるように、保延六年（一一四〇）頃には相当な規模の神領を獲得していたことがわかる。

保延頃の日前宮膝下一円神領の四至を示すものは残念ながら残されていないが、後年、嘉禎四年

（一二三八）、当時国司であった源長信が記したとされる「日前国懸社遷宮時四面四至紀定堺郷々事」[25]には、神領と他領との堺が東西南北艮巽坤乾の八カ所にわたって明示されている。その、おおその範囲を示したのが、次の**図1**である。[26]これがそのまま保延の公領相博時の姿ではないにしても、だいたいこの範囲でよいと思われる。名草郡のうち、最も農耕生産性が高く肥沃な平野部のほぼ全体を包摂し、巽・南・坤の三方は海の沖に至るまでを含み込んだ広大な所領であり、この神領が中世を通じてほぼ変わりなく日前宮領として存続していくのである。

ここで一点だけ注意しておかねばならないのは、大治開発の和太荘が日前宮領に含まれていないことである。この点については史料の制約もあり、確かなことは言えないが、必ずしも日前宮が経営権を喪失したというわけでもないのである。嘉禎四至ののち、元応二年（一三二〇）、和太荘が地頭方と領家方に中分されるが[27]、この段階での領家職は日前宮にあり、経営権を維持している。とすれば、意図的に嘉禎四至に載せられなかった理由があったと考えざるをえないのである。あえて推測を述べるならば、相博によって獲得した膝下神領は神事執行要脚地であり、開発によって獲得した地はまた別の用途地であると位置づけられていたということであろうか。詳しくは後考を期すこととして、ここでは可能性を示すに止めたい。

3　永仁大検注と在地構造の変化

鎌倉に入って日前宮は所領に対する支配権をいっそう強めることとなる。その画期となったのは永仁三年（一二九五）に行われた神領一斉検注である。この検注は嘉禎四至で確定された神領全域にわ

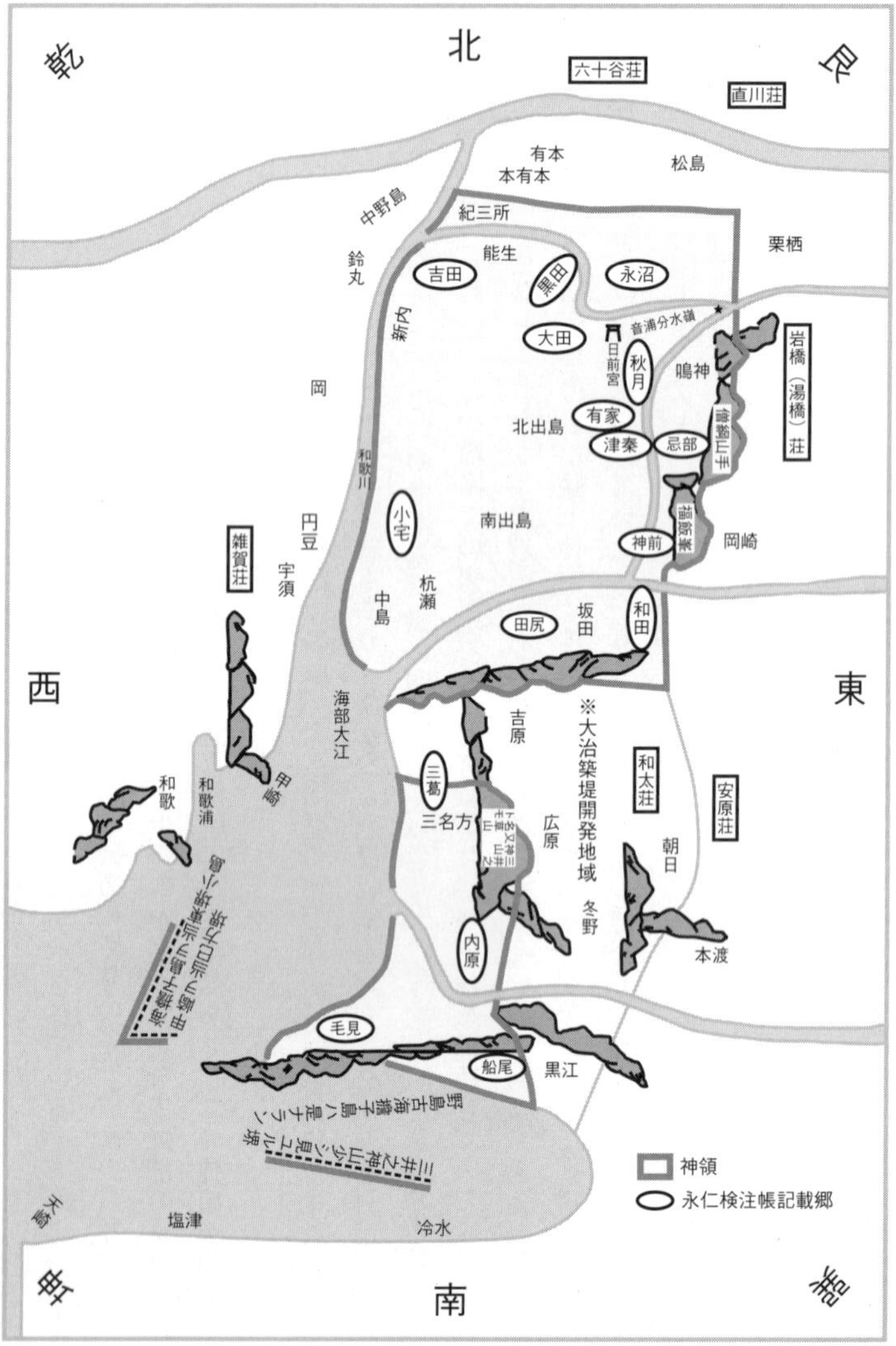
乾
北
艮
六十谷荘
直川荘
有本
本有本
松島
中野島
紀三所
栗栖
鈴丸
能生
吉田
黒田
永沼
音浦分水嶺
新内
大田
日前宮
秋月
鳴神
岩橋（湯橋）荘
岡
有家
北出島
津秦
忌部
和歌川
円豆
小宅
南出島
神前
岡崎
雑賀荘
宇須
中島
杭瀬
田尻
坂田
和田
西
東
海部大江
吉原
※大治築堤開発地域
和太荘
安原荘
甲崎
和歌
和歌浦
三葛
三名方
広原
朝日
冬野
内原
本渡
毛見
船尾
黒江
神領
永仁検注帳記載郷
塩津
冷水
南

図1　中世日前宮神領図

たる大規模なもので、その際に作成された検注帳簿も断片的ながら残されており[28]、わずかに披見できる帳簿からでも、その規模の大きさを窺い知ることができる。

帳簿には作人・所在地・田積が一筆ごとに書き上げられており、特徴的であるのは、神官や職能民の給免田が大部分を占めていることである。こうした存在形態は、かつて網野善彦氏が指摘した都市的な場として理解することができよう[29]。ここで日前宮の西に位置し、和歌川に臨んで海部郡との郡境にある吉田郷の検注帳を挙げ、日前宮領の構造を確認しておこう。

近年播磨良紀氏によって紹介された『吉田郷検田取帳幷検畠取帳』の写[30]は、「注進　吉田郷検田取帳事　永仁三年乙未三月廿三日　一所取」という内題をもっており、

一坪鳥垣内

三反　出二反内

三反　川成

一反　新御灯油　上土師

一反　刀禰名

のように記述されている。この場合、一坪と記されているが、他の耕地には坪名がない土地も多く、必ずしも条里制の坪ではない。また「三反　出二反」とあるが、「出」は永仁検注によって新しく勘出された分を指すと思われる。この鳥垣内の場合、川成分三反が元来の田地、それに二反が勘出田として追加されており、うち一反は新たに灯油料田として神官の上土師が進退、残り一反が刀禰の名田と定まったものと読み取れよう。この帳簿を一覧すればわかるが、神官および職能民の給免田が非常

に多く、逆に百姓名はまとまったかたちでは存在していない。吉田郷において確認できる名は刀禰名・本刀禰名・百姓友松名・預所名・財得本別名・百姓友恒名・本友恒名などである。しかし、それらはいずれも若干の田積しか保有しておらず、他の大部分が給免田および仏神用途免田である。

こうした状況は何を意味していようか。永仁三年（一二九五）に行われた大検注を画期とし、日前宮領において従来の土地権利関係に大きな変動が起こったことを意味しているように思われる。「本〇〇名」などのように、元来別の名主が権利を有していた土地を職能民・神官らの給免田として所有権を完全に変更し、年貢・公事収取の機構を中世荘園領主のそれとして確立したのである。問題は、かかる大幅な権利関係の変更が日前宮、あるいは国衙を背景とした強制力によって成し遂げたものだったのか、という点である。この検注に着目した海津一朗氏によれば、西大寺律宗など新興仏教勢力の民衆救済運動を日前宮が取り入れ、民衆の合意を獲得した上で行ったものであるとされ、その背景に、蒙古襲来を契機に出された神領興行法や「神国日本の立役者」たる禅律僧の存在があった[31]としているのであるが、やはりそのような民衆合意がなければ、これだけの大規模な変革は行うことができなかったと思われる。

第二節　南北朝内乱と神事の体系化――『応永神事記』の世界

1　南北朝内乱と日前宮周辺

その後、南北朝内乱期に入り、紀ノ川河口部でも大小規模の戦争が頻発するようになる。その中で日前宮と合力し開発を行ってきた国衙在庁らも所領支配権が揺らぐこととなる。日前宮領周辺に拠点を置く国衙在庁の大部分は北朝方として戦い、それ以外の在地武士との間で紀伊国を二分するかたちで紛争を起こすようになったのである。(32)

この状況がいかに在地に混乱を招いたかは当該期史料が如実に物語っている。元弘三年（一三三三）五月二日、国衙在庁の紀（栗栖）犬楠丸は金剛山城に向けて軍を発したが、その留守中、安原郷にあった犬楠丸の居宅に護良親王伺候人の保田次郎兵衛らが押し寄せ、火を放つという事件が起こった。この一件で豊田村地頭職などを安堵された関東下文などを悉く焼失した犬楠丸は、他の国衙在庁らの連署を請い、紛失状を発している。(33)また一族、千代楠丸も同様に、松門別名の文書紛失状を出している。(34)多くの国衙在庁らは北朝方であったため、一連の混乱が収束していくとともに、本領を安堵され、南朝方に与した領主らの闕所地を宛行《あてが》われた。(35)この時期、守護となったのは畠山国清であったが、ここで注目されるのは国清が先の紛失状等に国衙在庁らとほぼ同列で証判している事実である。(36)関東において強勢を振るっていた国清がこうした状況に甘んじざるをえなかったのは、とりもなおさず、在地における国衙在庁の合力体制の強靭さによるものであろう。(37)そして国清でさえ、そのように扱った国衙在庁らが、先にみたような開発の際には在地刀禰の同意を得ねばならなかったこともまた、紀ノ川河口部の在地民衆の力量を示しているのではなかろうか。

室町初期、明徳の乱とそれに続く応永の乱によって、山名義理・大内義弘がそれぞれ、紀伊の守護職を追われることとなる。山名・大内ともに、南北朝期の混乱収拾に努めていたが、(38)室町初期の幕府体制構築過程において彼らは没落したのである。かかる状況変化に応じ、在地社会は自らの領域平和、権益の確保を自力で行うという志向性をもつようになる。在地勢力伸張の時期がやってきたのである。守護権力の変転と在地の勢力伸張という状況にあって、日前宮もまた永仁以来の大規模な変革を余儀無くされたのである。そのことは年中行事に顕著に表れており、以下、日前宮年中行事の側面から日前宮の変革および神領周辺における地域社会秩序の再編過程を追ってみたい。

2　内乱期の国造家と『応永神事記』

日前宮の神事に関する研究は、すでに高井昭氏[39]や伊藤信明氏[40]によって先鞭がつけられている。伊藤氏によれば、日前宮の神事記には数種の伝本があり、なかでも応永六年（一三九九）に書写されたものが質・量ともに最も充実したものであるとされ、本章でもこの『応永神事記』[41]を対象に検討を進めていく。

応永六年という年は、先に述べた応永の乱で大内義弘が滅亡する年にあたり、その年に『応永神事記』が編まれたということは偶然ではあるまい。南北朝内乱から室町初期にかけて日本全体が民族史的転換を経験したということは網野善彦氏が述べるところであるが[42]、『応永神事記』の編纂もまた、こうした転換期の一齣であったと言えよう。ともあれ、在地構造変化に対応せねばならなかった日前宮が、秩序再編と安定化のための方途として選んだのが、年中行事の復興と体系化だったのである。折しも、編纂主体である国造家自身も変化の時を迎えていた。南北朝から室町初期にかけての国造は俊文（五十七代）・親文（五十八代）・俊長（五十九代）・行文（六十代）らであるが、彼らはいずれも神領経営において非常な困難を経験している。南北朝内乱の最中、暦応三年（一三四〇）、俊文から国造を譲補された親文[43]は神領経営に力を注ぐも、心労に耐えかねて永和元年（一三七五）、子息の俊長にその職を譲っている[44]。その後、俊長は従三位昇殿の位を得るまでになり、その子行文も父と同様、従三位に叙せられているが、昇殿の位を得るのは、彼らの時期のみであり[45]、伊藤氏によれば、この時期は日前宮にとって勢力拡大、神領経営伸張の重要な時期であったという[46]。

このような時期に『応永神事記』が編まれたとすれば、そこに記された年中行事もまた、時代の影響を反映しているとみねばなるまい。

3　『応永神事記』にみる年中行事

『応永神事記』は二十の項目で構成されている。①神事次第、②御供盛事、③御供納礼配分事、④正月朔日・三月三日大荷前事、⑤年中御供員数事、⑥御供時祝師計一人参、⑦惣官御方下向時神官参次第、⑧神官社頭勧盃礼節事、⑨神官等装束事、⑩兼丈役事、⑪両土師役事、⑫酒殿守役事、⑬浦役事、⑭鵜飼役事、⑮檜物役事、⑯神官・中臈・案主補任経営事、⑰禁忌祓事、⑱節供頭人出銭事、⑲神官以下京上粮物事、⑳上分等事、の二十である[47]。このうち、年中行事に関する重要なものは①の神事次第である。ここから主に①神事次第を取り上げて年中行事の考察に移る。

まず日前宮年中行事の中でも、井原今朝男氏が指摘したような[48]国家から在地に至るまで同様に行われる行事として、白馬節会（一月七日）・踏歌（一月十五日）・卯杖（一月上卯日）・菖蒲蓬供（五月四日）・名越祓（六月晦日）・七月節供（七月七日）・九月御供（九月九日）などがある。そのほかに仏教法会として、百座仁王講・薬師講（一月八日）・御読経所修正会（一月二十日）・彼岸不断経（八月）・

大般若経（十一月上酉日）なども行われている。これらはたしかに、井原氏が言うところの統合儀礼的性格をもつものであり、国家年中行事が一宮を通して在地に浸透する方向性が窺われる。しかし、ここで問題としたいのはそれよりもむしろ、在地民衆の生活と密接に関わる年中行事の存在である。それらのうち、主要なものを挙げて確認しておこう。

ア　農耕神事

a　御鍬山祭（一月十六日）……一年の農耕の始まりを告げる神事。惣官以下、神官・散所神人・本神人・悠紀《ゆき》・巫女・中臈(50)・家子らが行列を組み、宮井用水取水口が見渡せる和佐山(51)に赴き、神事を行い、和佐山の木を伐って神木として持ち帰る。その神木で鍬を作り、日前宮摂社の専女《とうめ》御前に供える。ちなみに専女御前とは伊勢の御倉神・調倉神と同体であるとされ、記紀に見える保食神あるいは稲倉魂命に比定されており(52)、稲作の神である。

b　堰祭（一月下旬）……御鍬山祭に続き、堰祭がある。堰目代に任じられた神官が神領東隣の荘園である八幡宮領湯橋荘に赴き、和佐山の高宮（高社・高積社）の方へ向かって祝詞を読んだ後、百姓二、三人が堰溝を掘るのである。この神事は百姓・神官の共同によって行われるもので、神事後、下宮（日前宮）庁で神領諸郷の刀禰や神官が共同飲食を行い、酒肴が下行される。

c　御種子下祭（三月下旬）……籾五升を神畔《かんのくろ》なる場所に蒔く所作を行う神事。神畔は日前宮の鎮座する秋月郷の西隣、大田郷と小宅郷の境にあり、現在も小字名として残っている。神の畔という地名から推して神の田として設定された地で、豊作を祈る意味をもっていたと思われる。

d　御田打祭（四月下旬）……一月に御鍬山から持ち帰った神木で作られた鍬をもって田打ちを行う神事である。田宮は、神畔に祀られる宮である。

e　御田植祭（五月下旬）……先の神畔で神官らが苗を植える。

f　五上中《さなぶり》（六月上旬〜中旬）……いわゆる「早上」「早苗饗」にあたるもので、田植え後の祝祭であると思われる。『応永神事記』からは神事の詳細はわからないが、惣官を交えて行われる神事で、瓜・胡瓜・桃李・菓子などが供せられる。

g　日前宮御穂取始祭（七月十一日）……下宮（日前宮）において行われる稲穂取の神事。神人らが神領および五ヶ荘（和太荘）に赴き、国衙等の稲を刈り、十五日に行われる津万牟幾《つまむき》祭の荷前として供す。

h　津万牟幾《つまむき》祭（七月十五日）……十一日にとった稲を下宮の前と専女御前の前において焼く儀式である。「つまむき」とは爪で籾を剝くという意味とも考えられる。

i　専女御前祭（七月十六日）……津万牟幾祭で行われた稲穂焼と関連するものであろう。専女御前社に荷前が捧げられる。

j　草宮・田宮土祭（八月時正）……時正（彼岸）に行われるもので、国造家の祖先を祀る草宮と神畔の田宮に神木を立て、御正作の稲を供する。(53)

k　国懸宮御穂上祭（九月十五日）……田宮に神官が赴き、御穂木を立て穂を上げて葦で包み、さらにその上に薦を被せて荷前として国懸宮（上宮）に献じる。

l　御穂下祭（十一月九日）……神事の内容は記されていないが、御穂上祭に対応して行われるものであろう。

m　相嘗祭《あいなめ》（十一月・十二月）……一年の中で最も規模の大きな神事である。収穫を終えたのち十一月から十二月にかけて様々な神事が執行される。この時、国造や神官らは用水に関する重要な地点に赴き、解除（祓）を行っており、一年を通じて行われてきた農耕儀礼は、この祭をもって、いったん結びの時を迎える。

以上、農耕に関わる儀礼を取り上げてみたが、日前宮年中行事では節目ごとに行われる国家と共通の儀礼を行うとともに、それと同程度あるいはそれ以上の重要性をおいて農耕儀礼を執行していることが明らかとなった。ここで先の問題に立ち戻ってみれば、農事暦に貫かれる神事が応永六年（一三九九）に体系化されたことの意味がより明確になると思われる。つまり、南北朝内乱で混乱・疲弊した在地社会において、農耕生産の安定化と、在地秩序の維持を実現することを目的として創出されたものが年中行事だったと言えよう。そしてこの背景には、宮井用水の祭祀者たる日前宮と、日常生活に即した一年農耕の安定を希求する在地民衆、この双方の願望が想定されるのである。

イ　河海神事

ここまでは農耕に関わる年中行事を中心にみてきたが、『応永神事記』を通覧すると、それに止まらず河海に関わる神事も多く見られる。日前宮の本質が「名草溝口上下神」と呼ばれるように農耕神であることに変わりはないが、河海の神事も在地民衆の生活と深く結びついて行われており、これもまた日前宮の性格、および在地社会の特徴を理解するための重要な論点となろう。

a　七瀬祓……河海に関わる神事で第一に挙げられるのは七瀬祓で、これは国造譲補に際して執行される代一度の神事である。もとは平安以降、主に朝廷・幕府が行ってきた神事で、河臨祓の一種であったとされるが[54]、多くの場合、旱天など災異への対応として行われている。日前宮の場合、代一度であったことを併せ考えると、譲補を受けた国造が一代の間、安穏を願う儀礼としての意味が含まれているように思われる。具体的には、①納良瀬（新内郷）・②野々辺戸（吉田郷）・③蓑嶋（黒田郷）・④千寿河原（直川郷）・⑤溝内（秋月郷）・⑥直水谷（忌部郷）・⑦芝原池（社辺）の七カ所が祓所《はらえど》として設定されている[55]。このように、日前宮領の空間構造は、神事の核となる場を各所に設定した宗教都市のごとき様相をもっていたのである。

b　御酒水《みきみず》迎（一月十一日）……神事に供する御酒を造るための水を忌部郷直水谷から汲んでくる神事。七瀬祓所（第六番）にあたり、位置的には神領東の境界にあたる忌部郷にある。

c　珠津嶋《たまつしま》祭（三月下旬）……和歌浦に鎮座する珠津嶋《（玉津嶋）》社で執行される。古来、貴族らが和歌を詠むためにいく度も訪れたこの社は、政治・文化的な側面からみれば、都との接点であるが、同時に鎮座地の地理的な側面からみれば和歌浦湾の鎮守的存在であったとも考えられる。この場に神官らが赴き、浜で潮垢離を取る。神人らが松葉で神事のための仮社を造り、神官によって解除（祓）が行われ、その後に珠津嶋へ社参する。

d　三名方《みなかた》富祭（四月下旬吉日）……三名方は地名で、先に見た大治開発地域（和太荘）の三葛《みかずら》郷内にある。現在の小字から推定すると和歌浦湾を望む名草山近辺であったようである。神事の目的について『応永神事記』は詳述していないが、惣官以下、神官らが赴き、潮垢離ののち神事が始まる。ここでは柴をもって社を造っている。仮屋が造営され、饗膳が催されたり、浜では青侍による射弓や中臈の馳馬（二番）も行われており、海浜での災厄祓であったと考えられる。

e　藺引祭（十月上旬吉日）……神事用の筵にする藺草を刈り取る神事である。この時に刈られた藺草は「彼藺、相嘗御祭時、作レ筵為二惣官御方前筵一」とあるように、一年の結びにあたる相嘗祭において惣官が用いるもので、神聖かつ特別なものであると位置づけられている。神事そのものは、神官・中臈・案主らが名草郡南端の中田浦（藤代峠麓）に赴いて行われる。ここで注目されるのは、藺草を刈る役割が「地下」とされていることである。つまりこの神事は、神官のみが行うのではなく、そこに地下百姓らを動員することにより、神事を媒介とした在地秩序の再確認が実現されるものだったのである。

f　粟島《（淡島）》祭（十一月一日）……海部郡加太浦に鎮座する淡島神社にて行われる神事である。淡島社は延喜式内社の加太神社に比定される社である[56]。神官・中臈・案主・神子らが「皆参社」するもので、まず加太浦の東に位置する本脇浦で「御鉾・御神木」を立てて祓を行う「風祭」が執行される。この時、荷前として供えられた供物を納礼《なおらい》として神官以下に下行されるのであるが、このうちの酒一瓶子と餅一合・橘などが本脇浦の「浦人」に下行される。これもまた藺引祭と同様、在地民衆と日前宮との間を結ぶ神事であった。本脇浦を後にした神官らは、その後、淡島社に社参、祝詞・舞・里神楽などを奉納し、饗膳を行う。この日は加太浦に一宿し、翌日の帰途に木本山（海部郡木本荘）に立ち寄り、相嘗祭の酒に使う灰を作るための「臭木」を刈り取って帰る。

g　御解除祭（歳末）……十一月から十二月にかけて惣官（国造）自身が執行するもので、日中、須々丸《(鈴丸)》もしくは和歌浦に赴き、潮垢離を取り、夜になって神宮境内で一連の儀式を行ったのち、馬に乗って吉田河原（十一月）、紀三所（十二月）の二カ所で解除（祓）を行う。鈴丸・吉田河原・紀三所とは、いずれも和歌川に沿って存在する要所で、名草郡と海部郡の境界点に位置している。吉田河原は古代以来の要津である吉田津が設置されていた場所[57]で、紀三所は暦応年間の『讓補記』に「経㆓紀三所渡㆒、被㆑召㆓御船㆒」とあるように「渡」のあったことがわかる。いずれも紀ノ川と和歌浦湾をつなぐ要衝港津であった。

このように領域の境界や、水運・交通の要衝といった場で行われる神事が年中行事に配置されるということは、日前宮が農耕神としての性格のみならず、港湾の神としての性格も有していたことを示すものであろう。

また河海の神事においても在地民衆が動員されている事実も見逃せない。彼ら労働力を提供した民衆には、少量であれ下行が行われており、上納・下行の関係を看取することができるのである。以上のような点から、農耕神としての性格とともに、河海の神としての性格も有する日前宮像が描き出されることとなる。こうした性格は、在地民衆が職能民と百姓という二形態の人々であったことと不可分の関係から生み出されたものであったように思われるのである。

第三節　寺社のネットワークと地域秩序

1　神幸地と寺社

日前宮年中行事が農耕と河海の神事を含み込んだ構造をもち、南北朝内乱による在地秩序の危機的状況を背景とした秩序安定・維持に対する日前宮・在地民衆双方の要求によって整備されたものであることを指摘してきた。ここでは、さらに一歩進めて、年中行事の行われる寺社や神幸地を取り上げ、年中行事を紐帯とする地域社会構造の復元を試みたい。

a　七瀬祓所……先にも述べたので詳細は略すが、神領の境界領域および他領にまで及んで設定された祓所がある。

b　浄土寺（坂田寺）……神領田尻郷にある寺院で坂田寺ともいう。和歌浦湾を望む丈六山に建つ。嘉元四年（一三〇六）浄土寺寺僧等置文[58]の罰文には、「奉レ始二日前国懸・中言王子一・惣者大日本国中大小神祇、別当所鎮守五所権現、教主尺（釈）尊・金胎両部護法天等御罰罪」とある。日前宮の次に名を記される中言王子は、名草一郡の産土神で日前宮および名草産土の信仰が中心の寺院であった。浄土寺は南北朝から室町にかけて日前宮の兵士役を勤仕しており、五十八代国造の親文が補任宣下を受けるために京上した際にも、兵士を出し警固役を担っている[59]。罰文からもわかるとおり、本尊は釈迦如来で、国造家の浄土信仰と関わって建立されたものと思われる。『紀伊続風土記』は、弘仁年中、国造紀槻雄の建立とする[60]。

c　紀三井寺（金剛宝寺）……唐僧為光上人開創の伝承をもつ。浄土寺と同様、日前宮と関わりが深く、国造譲補に際して、浄土寺とともに警固役についている。五十四代の宣親は隠居後、紀三井寺に居を構え、「紀三井寺の国造」と呼ばれた(61)。宣親の時代は先に述べた永仁三年（一二九五）神領一斉検注の行われた時期にあたる。検注にあたっての民衆合意獲得については先に触れておいたが、紀三井寺はその舞台となったのである。文永六年（一二六九）に国造家は西大寺叡尊を紀三井寺に招き、梵網経の十重戒を講じさせており、神領十九郷に殺生禁断、御読経所・神宮寺・散在諸堂における飲酒乱舞の禁止、寺中での酤酒・酒宴の禁止などを定めさせている。この時、宣親は日前宮神宮寺で菩薩戒を受け、そのほか、八百九十四名が紀三井寺で受戒したという(62)。このような信仰による民衆合意獲得があって行いえたのが永仁大検注であり、その舞台が紀三井寺だったのである。

d　鳴《なる》神社……日前宮領有間郷（のちの鳴神郷）に鎮座する。延喜式内社で名神大、月次・相嘗・新嘗の奉幣が行われていた(63)。中世には日前宮の支配下にあったようで、『紀伊続風土記』には「日前宮ノ旧記に中世国造家より神領若干を寄附し、大禰宜を補任し、祭祀等は神官の内、行事を代官とす(64)」とあり、日前宮神官のうちから鳴神社行事が任じられていた。

e　伊太祁曾《いだきそ》神社……五十猛命を祀る神社で(65)、伝承によれば日前宮に鎮座地（秋月郷）を譲り、山東荘に遷座したとされる(66)。延喜式内社として名神大に列し、相嘗・新嘗の奉幣を受けている(67)。山東荘は長承元年（一一三二）の立荘以来(68)、中世を通じて大伝法院（根来寺）領として存続していく。『応永神事記』に伊太祁曾社の祭礼が十一月上旬にあったと記されているが、応永段階で

「近来無レ之」とあるように神幸しての神事は行われていなかったようである。この背景には根来寺と日前宮との間に頻発していた領域相論があったと考えられる。天養二年（一一四五）の大伝法院陳状[69]に、日前宮が法華八講の頭役を課すとの名目で山東荘に神人らを発向させ、刃傷沙汰に及んだとあるように、伊太祁曾社鎮座地である山東荘をめぐってはしばしば争いが起こっていた。根来寺も伊太祁曾神社の近辺に神宮寺（現・信貴伝法院明王寺）を建立し、伊太祁曾神社の奥院と位置づけるなど荘園支配の強化をはかろうとしており[70]、たびたびの相論を背景に伊太祁曾神社での祭礼が止んだのであろう。ただし、完全に断絶したわけではない。『応永神事記』に「但荷前米二石二升本斗也、自二公文所一下二行之一、彼社神人料足請取時、布多気十二、若閏月之歳者、十三納レ之、木長二尺許リ」とあり、日前宮による荷前米の下行と、それに対する伊太祁曾神人からの（十二カ月分であろうか）布多気の上納が行われているのである。所有権をめぐっての激しい相論を抱えつつも、年中行事の遂行を本来的ではない形とはいえ、継続遂行しているということは、在地における神事執行がそれだけ重要であったことを示していよう。

f　紀三所社……延喜式内社で、『紀伊続風土記』によれば伊太祁曾社の祭神である伊太祁曾三神と同神を祀るとされる。伊太祁曾三神とは、五十猛神以下の三神で、伝承によれば紀伊国の創始神である。

g　中言社……大治開発によって成立した和太荘の荘園鎮守で、和太荘内吉原郷に鎮座する。祭神は名草彦・姫の男女神である。名草彦は紀国造家の始祖・天道根命の五世の孫にあたり、名草一郡の祭神としての性格を有している。『応永神事記』によると調庸祭（十月下旬吉日）の日には、中言社に御供が捧げられており、国衙在庁・書生らの捧物が供されている。また中言社は本社である和太荘吉原郷以外にも分祀されており、日前宮の境内摂社、内原郷、毛見郷、冬野郷など諸郷に存在が確認される。

h　湯橋社……先にみた年中行事のうち、正月の堰祭が行われる神社で、湯橋荘荘園鎮守として国衙在庁の湯橋氏が神主職を務めている。

i　丹生酒殿社・天野丹生社・静川……まず高野山領三谷郷にある丹生酒殿社は、高野山鎮守天野丹生社の神主家が居住し、「右当社者、天野両所之本社[71]」とされるように天野丹生の本社と位置づけられる神社であった。暦応の『譲補記[72]』によれば、京都で補任を受けた新国造が京都からの帰途、名手荘（高野山領）の静川で解除を行い、その後、酒殿社に参社している。紀ノ川上流のこの場で行われる解除は、代始にあたり、国造一代の間の安穏を祈願する儀式であったと考えられる。なぜここであるのかについてはさらに考察が必要であるが、宮井用水の祭祀者としての国造が紀ノ川上流において行う儀式であるという点に何らかの意味があったと思われる。また天野丹生社は、高野山金剛峯寺の鎮守社で、高野山麓天野郷に所在する神社である。日前宮が参社するのと逆に、天野丹生社も紀ノ川下流域に赴いて神事を行っており、天野丹生社と日前宮との間に、祭祀を通じた深い関係のあったことが確認できる。天野丹生社の河口部における神事は、神輿を奉じて紀ノ川を下り、和歌浦玉津島社まで渡御するものであるが、その際、日前宮に神輿とともに一宿することが恒例であった[73]。なお、両社の関わりについて、伊藤信明氏は、前掲論文において両家が先祖を同じくする点に注目しており、そうした関係もあったようである。次に掲げる史料は天野丹生社神主らの日前宮一宿に際して起こった事件に関するものである。

【史料】日前宮人母頼幸和与契状写

契約　和与状事

右、丹生大明神、毎年九月十六日玉津島御行、翌日十七日奉レ入、於二彼庁第一間一、天野社総神主与二日前宮人母一依二座次一相論事多年奉レ止二御行一之条、神慮難レ量間、以二両方和談之儀一、向後者座席対座而不レ可レ有二高下優劣一者也、又御供并饗膳以下任二定置注文之旨一、可レ致二其沙汰一、此上者不レ可レ有二相互神事違乱之儀一、仍為二後日亀鏡一、和与状如レ件、

文保二年戊午六月　日　　日前宮人母頼幸　判、(74)

これによれば、九月に行われる玉津島渡御の際、国造家の祖先を祀る草宮に天野惣官主以下が入御するとされる。草宮庁で饗膳等が行われるにあたり、天野丹生社側と日前宮の神官らが座次について相論を行ったのである。この相論は長く続いたようであるが、「神慮難レ量」との理由から、双方和談を行い、対座ということで決着がついたとされている。この事例も、相論によって長年止んでいたにもかかわらず、和与をしてでも執行せねばならない重みが神事にあったことを意味していよう。また他の文書にも「丹生氏人等訴申免家事、以二当郷在家内一、充賜上者、御玉津島御行以下、出仕可レ致二厳重一之儀」(75)とあることも、丹生社における玉津島渡御の重要性を示していよう。

j　玉津島社……先に示した天野丹生社と日前宮の接点とも言える神社である。伝承では、古代、聖武天皇が玉津島頓宮に逗留したとされており(76)、古代以来、和歌浦の中核的な存在であった。

『紀伊国神名帳』[77]に、従四位上としてその存在が確認できる。基本的には独立した性格をもっていたと考えられるが、日前宮の玉津島祭や、天野丹生社の神輿渡御を考えると、日前宮の神事体系に組み込まれていたと考えられる。これは、日前宮が有していた和歌浦湾の浦支配権とも何らかの関係があると思われる。

k　淡島社……淡島（粟島）社は、海部郡加太浦に鎮座する。河海神事でも取り上げたが、日前宮神官らは海浜で解除を行ったのち、淡島社へ参社することを常としている。なお、この神社は延喜式内社「加太神社」に比定される。淡島神社文書[78]に日前宮関係の文書が確認されることや『応永神事記』の記述からして、間違いなく日前宮の影響下にあったと言える。

2　神事に結ばれる地域社会

以上みてきたように、紀ノ川河口部地域の寺社と日前宮の間に年中行事を媒介とする結びつきのあることが確認できたであろう。では、それらを空間的にみた時、いかなる様相を呈すのであろうか。神事祭礼に関連する諸寺社・神幸地などを地図に落とした図を二つ掲げる。**図2**は高野山膝下の伊都郡までを含めた広域な図、**図3**は神領周辺の名草・海部両郡を中心としたものである。

これを見ると、日前宮年中行事の体系に組み込まれた諸寺社が、紀伊北部とくに紀ノ川流域を中心に広範囲に展開していることがわかる。郡・郷・荘という政治的な所領の枠組みを越え、諸々の所領を横断して形成される空間構造がたしかに存在していたのである。そして、これは神事に貫かれるものであり、おのずと政治的・経済的契機によって形成される空間とは、その本質において異なること

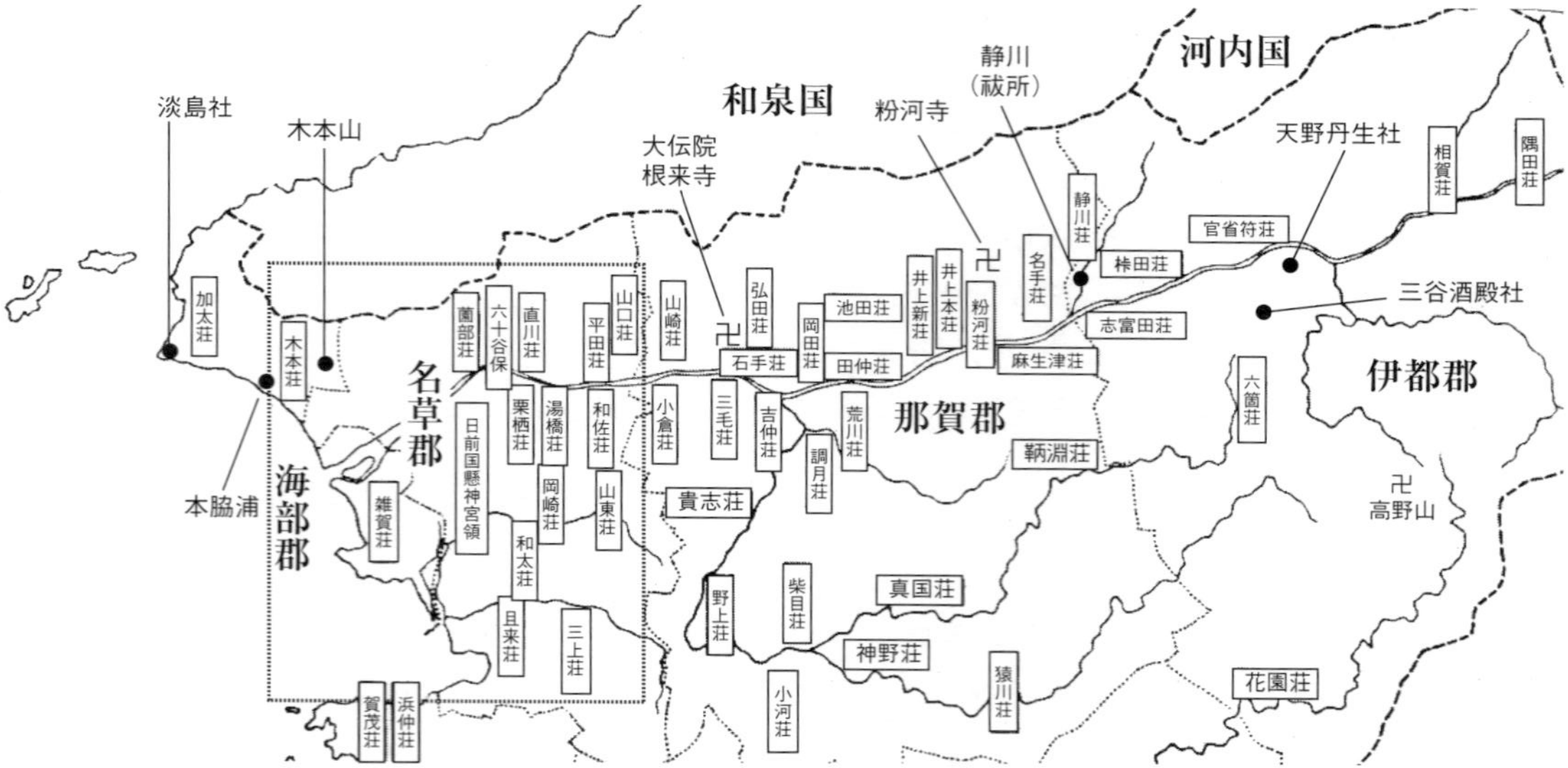

注１）破線内については、図３を参照のこと。
注２）本図は、『和歌山市史』第１巻（723頁）所載の地図をもとに加筆したものである。
注３）●で示した部分が寺社および地名。

図２　日前宮神事関連図（広域）

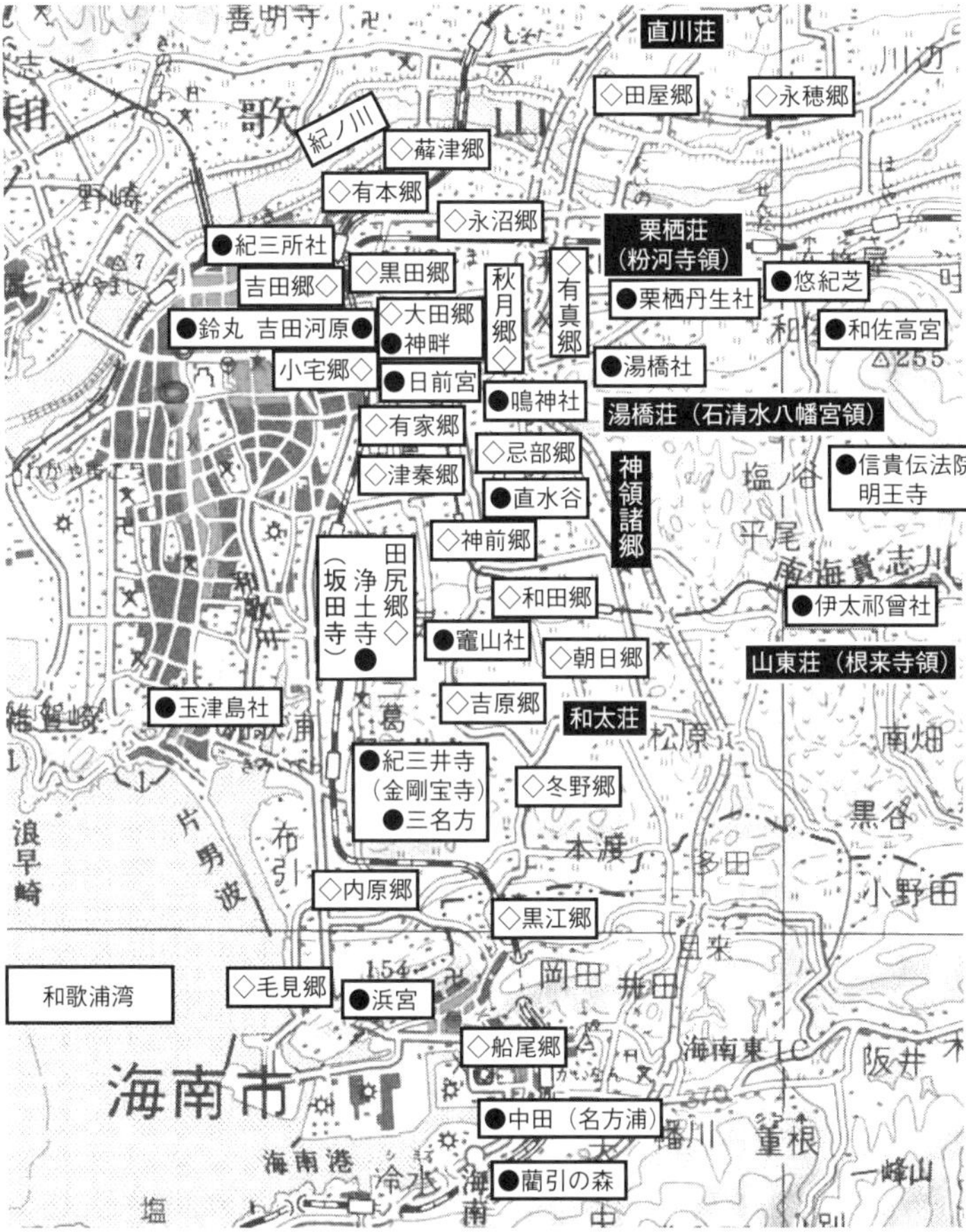

注）◇は郷名、●は神事関係地を示している。

図3　日前宮神事関連図（拡大　海部郡・名草郡）
（ベースマップ国土地理院発行 1/5000）

になるのである。

それぞれの寺社は、神領膝下は別として、基本的には日前宮摂社や末社ではなく、独立性をもつ寺社であり、再三述べてきたように、政治的側面や荘園経営の側面においてはしばしば対立し、激しい衝突さえ起こしている。にもかかわらず、天野丹生社の神輿渡御や、伊太祁曾社の布多気上納などがあり、年中行事においてはつながりを保持している。このことは何を意味しているのであろうか。寺社が所領を有する領主としての性格を有する以上、荘園のイデオロギー支配体制であるとみることも、たしかにできよう。しかしながら、それだけでは、これだけ広範囲に、利害の異なる荘園をも含みこんで年中行事を執行する必要性は説明できない。一つの年中行事体系に加わり、その成員になるということは、相互に何らか共有するものがあるはずである。

それこそ、寺社という場と、そこで執行される年中行事のもつ宗教性の問題につながるのである。ただし宗教性とはいっても、現実と乖離するものではなく、むしろ現実と表裏一体となるものであった。たとえば、日前宮年中行事が、農事暦を基としていたこともそのことにつながる。大動脈灌漑用水の宮井を維持し、生産を確保するということは、百姓の生活における最大の課題であった。しかも一つの用水を領主の異なる諸荘園が共同利用しなくてはならない状況にあって、領主はその維持・安定を図ることをその責務として負わねばならなかったのである。上納・下行の関係や、労働が有償で行われていたという事実からもわかるように、百姓と領主の間には、相互に権利・義務の関係が発生していたのであり、その確認行為こそが神事として体現されたものだったと考えられるのである。いわば、生活のユニットとしての「村」[79]がそれぞれに出す現実的要求と、それに応え、実際の勧農を行うとともに、神事執行によって領主としての責務を果たしていることを示す寺社、この両者相互の絶えざる交渉の上に打ち立てられたものが神事であり、これが広範囲に広がったのが、日前宮神事ネットワークの一面であったとは考えられまいか。

こうした動向は農耕のみならず漁業においても同様であった。生業の大部分を漁業が占める船尾郷や毛見郷は和歌浦湾周辺を主たる漁場としていたが、彼らの漁業権は、日前宮の港湾支配権のもとで保障されるものであった。日前宮の和歌浦における港湾支配が実質を伴うものであったことは、文明年間の史料からも窺い知ることができる。文明年間、京都の飛鳥井雅親を国造が紀伊に招いた際、船尾郷・毛見郷の船が動員され、雅親らを玉津嶋社まで渡す役を担っている(80)。また、年中行事においても、大量の海産物を貢納するなど、日前宮の年中行事と彼らの生業が不可分の関係にあったことを示している。ただし、これを日前宮の支配権で夫役徴発したとだけ考えることはできない。たとえば、船尾郷百姓らは、しばしば日前宮に訴訟を起こし、公事銭や諸役の免除を得ており、彼らの担う役負担が一定度以上になった場合には、「惣郷百姓」として免除を要求するだけの力量を持ち合わせていたのである(81)。とすれば、これもまさに、領主と領民相互の間に結ばれた、それぞれの権利・義務の負担に関する合意があったと考えざるをえないのである。すなわち、年貢・公事を負担する民衆と、領域秩序維持の責務を体現する領主、この関係性を確認する儀礼としての神事という視点こそ、日前宮年中行事を理解する上で重要になってくるのである。

また、領主・民衆相互の現実的要求を確認する神事において、軍事的側面での寺社や民衆の動員も行われている。先にも指摘したが、日前宮神事の際に、紀三井寺（金剛宝寺）や、浄土寺（坂田寺）

が兵士役を勤めており、応永年間の兵士役を記した史料[82]によると、紀三井寺が動員した兵士の構成は「甲」と「野臥」から成っていたとされる。「甲」は甲冑を身につける侍身分であろうが、それに対する「野臥」はおそらく、村落内における「村の武力の再生産[83]」機構の中から生み出されたものであると考えられる。紀伊では「野臥」が南北朝期には相当活発に行動していたことがわかるが[84]、その軍事力を再編成し、非常時における軍事動員体制を整えたことは、当該期社会の混乱状況という外圧に対して、領域安定の実現を望んだ領主・民衆相互の意思の合意形成を示しているように思われるのである。そして彼らを編成したのが寺院であったという事実は、注意しておかねばならない。民衆と寺社との関わりを直接的に示す史料は残念ながらないが、たとえば、のちに形成される惣国の場合、日前宮神宮寺が「惣郷百姓会合所[85]」となっており、民衆が民意体現をする場が日前宮の神宮寺にあったということがわかる。また、文永の西大寺叡尊による授戒で紀三井寺が神領諸郷民衆の受戒の舞台になっていたことや、諸郷に散在する諸堂の存在などは[86]、民衆の信仰と意思決定の場としての寺社の性格を表していると言えるのではなかろうか。加えて、日前宮神事ネットワークに編成された神社の多くが延喜式内社であったことも重要な点である。式内社は、国家が編成し神階を付与した多分に政治的なものであるが、そのことよりも、式内社となった諸社が、もともと在地における信仰の中心としての由緒をもっていたことに着目したい。在地民衆の信仰の中心的存在であったがゆえに、国家が編成しようとしたのであって、日前宮年中行事もまさに、そうした民衆の信仰と意思決定の場としての寺社を再編成することで、広域な領域秩序の維持を目指したものであった可能性が高いのである。

さらに、諸社に惣官や神官らが参社する際、共通する儀礼が「荷前《のさき》」の奉献という行為である[87]。日前宮領においては「荷前田」などが存在しているが、[88]「荷前」を捧げるということは、その地の神と日前宮との間の結びつきを再確認するものであったと言える。このように、日前宮年中行事は、領域を異にする領主たちと、現実生活における要求をもった民衆が、双務関係を基に、信仰の場を媒介として合意を形成したことの確認儀礼としての意味をもっていたのである。そしてこのことを契機として、土地制度としての荘園制の枠組みを横断し、一つのまとまりをもつ地域社会が形成されていくのである。

おわりに——惣国一揆とその終焉

ここまで述べてきたように、社会的混乱という外圧を契機に、在地においては民衆と領主の自律的動向として、新しい地域構造が構築されていくわけであるが、日前宮神事ネットワークを土台とする紀ノ川河口部においては、最終的には惣国一揆の形成へと収斂していく。紀州の惣国一揆は、史料上、「惣国」「雑賀五郷」「雑賀五組」などと表現されるが、便宜上、ここでは「紀州惣国」としておく。[89]

紀州惣国の形成過程については、従来多くの研究があるが、本願寺と非門徒との連合、[90]あるいは農民と商工民との対立と連合[91]といった理解がなされるに止まっていた。しかし、ここまでの考察からも明らかなように、その基礎は、やはり南北朝期を契機に神事を媒介として再編された地域社会秩序にあったと考えざるをえない。紀州惣国は、名草郡の社家郷・中郷・南（三上）郷、海部郡の雑賀荘・十ヶ郷という五組から成る連合体であるが、最も直截的に惣国の成員を示す史料である永禄年間の文書[92]には、神事ネットワークと深い関係にある人々の存在が確認される。

社家郷の嶋田氏は、日前宮神官の中臈で相見職を務めており[93]、同じ郷の代表者である神前氏も、文明頃に日前宮から大工職に補任された神前中務丞の系譜を引いている[94]。また、南郷の林氏は名草産土たる中言社の神主、田所氏は和太荘の田所職として[95]、それぞれ、日前宮と関係を有している。また、中郷では、栗栖の四郎大夫なる人物は、嶋開発の事例で確認した国衙在庁、紀（栗栖）実俊の系譜を引き、湯橋の源大夫は、堰祭が行われる湯橋社の神主家で、かつ国衙在庁の氏族である[96]。このようにとくに名草郡側の構成員は、日前宮神事の在地における重要な役割を果たす立場にあった人々が多くいたのである。それに対して雑賀荘・十ヶ郷の海部郡については、日前宮神事ネットワークに直截的な関係を見出すことはできないが、雑賀荘と十ヶ郷そのものが、史料上よく現れるようになるのが戦国期からで、和歌川をはさんで日前宮領と境界相論をしているので、彼らを糾合した直截的契機は、境界相論における対立と、和解の交渉の過程に求められるべきかもしれない。ただし、やはり海部郡も、ほぼ日前宮神事の体系にあったことからすれば、何らかの連関があった可能性は想定できよう。いずれにせよ、南北朝期を画期に結ばれ、構築された神事ネットワークが、戦国期に境界相論などにより変化したことは疑いなく、惣郷百姓らの主張が強くなっていったことや、真宗の教線が進展したことも、そこには大きく影響していると思われる。

この後、天正十三年（一五八五）、羽柴秀吉が紀伊に侵攻、藤木久志氏が「原刀狩令」と呼んだ[97]法令を発する。圧倒的な武威による征圧と事後の懐柔策によって、百姓を「土民」と位置づけ、「憐」みをなす秀吉の支配下に組み込んだのである[98]。ここに中世から近世への大きな転換点があったと考える。在地において形成された中世的な地域秩序がここに終焉を迎えるのであるが、その惣国一揆の問題については、次章で詳しくみていく。

註

（1）地域社会論の展開については、『歴史学研究』六七四号（一九九五年）などを参照。

（2）清水三男『日本中世の村落』（『清水三男著作集』第二巻、校倉書房、一九七四年、初版一九四二年）。『日本中世の村落』は、出版社が変わって何度か版を重ねているが、本章では校倉書房の一九七四年版に拠った。

（3）榎原雅治『日本中世地域社会の構造』（校倉書房、二〇〇〇年）。

（4）井原今朝男「中世の五節供と天皇制」（同『日本中世の国政と家政』、校倉書房、一九九五年、初出一九九一年）。

（5）中世諸国一宮制研究会編『中世諸国一宮制の基礎的研究』（岩田書院、二〇〇二年）、一宮研究会編『中世一宮制の歴史的展開』上・下（岩田書院、二〇〇四年）。

（6）苅米一志『荘園社会における宗教構造』（校倉書房、二〇〇四年）。

（7）『民衆史研究』（六八号、二〇〇四年）の「特集・中世社会における寺社と地域社会」における坂本亮太「東寺領荘園の宗教構造――播磨国矢野荘を事例として――」や佐々木徹「平泉諸寺社・伊沢正法寺と中世社会――南北朝期奥州葛西領における地域社会秩序の構造転換」など。

（8）宮島敬一『戦国期社会の形成と展開』（吉川弘文館、一九九一年）。

（9）大山喬平「中世の日本と東アジア――朝鮮、そして中世日本――」（同『ゆるやかなカースト社会・中世日本』、校倉書房、二〇〇三年、初出一九八四年）。

（10）日前宮文書をめぐる事情については、網野善彦『古文書返却の旅　戦後史学史の一齣』（中央公論新社、一九九九年）を参照されたい。

（11）日前宮領研究の動向は、『和歌山地方史研究』四六号（二〇〇三年）に詳しい。

（12）日矛鏡と日像鏡については、『日本書紀』巻一「神代上（宝鏡開始）」に、天の岩戸開きのために、思兼命が発案し、天照の「象」を「図造」らんとして石凝姥を工に定め、天香山の金をもって造らせたとあり、「是即紀伊国所坐日前神也」と記されている。
（13）『神事諸家封戸（神封部）』（新抄格勅符抄第十巻、新訂増補国史大系二七）。
（14）中野榮治『紀伊国の条里制』（古今書院、一九八九年）。
（15）大治二年八月十七日付紀伊国在庁官人等解案（林峯之進家文書『和歌山市史』第四巻、平安一九〇号）。
（16）名草四院については、『和歌山市史』第一巻（通史編）に詳しい。
（17）関西大学考古学研究室編『岩橋千塚』第四章（和歌山市教育委員会、一九六七年）。
（18）国衙堰については大山喬平「中世における灌漑と開発の労働編成」（同『日本中世農村史の研究』、岩波書店、一九七八年、初出一九六一年）、小山靖憲「中世の宮井について――紀ノ川灌漑史序説――」（同『中世村落と荘園絵図』、東京大学出版会、一九八七年、初出一九八三年）などで考察がなされている。
（19）永暦二年五月日付紀伊国在庁官人等陳状案（『根来要書』下〈『和歌山市史』第四巻、平安二二八号〉）。
（20）大治六年十二月二十六日付紀良守・良佐譲状（日前宮文書、『紀伊続風土記』附録三）。
（21）建久五年二月六日付紀実俊解案（栗栖家文書、『和歌山市史』第四巻、鎌倉一二号）。
（22）錦昭江『刀禰と中世村落』（校倉書房、二〇〇二年）。
（23）天養二年三月二十八日付大伝法院陳状（『根来要書』下〈『和歌山市史』第四巻、平安二一〇号〉）。
（24）応保二年十一月日付大伝法院僧徒重解案（『根来要書』下〈『和歌山市史』第四巻、平安二三〇号〉）。
（25）嘉禎四年九月二十五日付日前国懸宮四方指写（日前宮文書、『和歌山市史』第四巻、鎌倉六八号）。
（26）この図は、『紀伊続風土記』所載の神領図をもとにトレースし、加筆したものである。
（27）「元応二年和太御庄中分一方帳」（『藩中古文書』、国立国文学研究資料館史料館蔵）。
（28）永仁三年（一二九五）の検注帳に関しては、野田阿紀子氏によって検討が行われている（野田阿紀子「中世雑賀の塩入荒野開発」〈和歌山地方史研究会、二〇〇三年九月例会口頭報告〉）。
（29）網野善彦『日本中世の非農業民と天皇』（岩波書店、一九八四年）。

(30) 播磨良紀「中世紀伊国の土地関係史料（一）」（『四日市大学環境情報論集』八巻一号、二〇〇四年）。
(31) 海津一朗「「元寇」、倭寇、日本国王」（歴史学研究会・日本史研究会編『日本史講座』四巻、東京大学出版会、二〇〇四年）。
(32) 『太平記』巻三四「京勢東軍津々山攻めの事」（新編日本古典文学全集、小学館、一九九八年）。
(33) 元弘三年七月十日付紀犬楠丸等連署紛失状（湯橋家文書、『和歌山市史』第四巻、南北朝四号）。
(34) 元弘三年七月十日付紀千代楠丸等連署紛失状（栗栖家文書、『和歌山市史』第四巻、南北朝五号）。
(35) たとえば、栗栖氏には本領以外に、新たに岡崎彦次郎入道跡の岡崎荘下司職をあてがわれている。建武四年九月廿六日付足利尊氏袖判下文（湯橋家文書『和歌山市史』第四巻、南北朝四八号）。
(36) 康永元年十二月二日付畠山国清請文（栗栖家文書、『和歌山市史』第四巻、南北朝八五号）。
(37) 小林一岳「畠山国清の乱と一揆」（同『日本中世の一揆と戦争』、校倉書房、二〇〇一年、初出一九九六年）。氏の考察にもあるように、国清は関東で強圧さでもって武士や諸勢力を抑圧した。しかし一方で、平一揆などの抵抗にあって没落しており、在地に根づく一揆の力が強かったことも確認できる。
(38) 紀伊においては南北朝内乱期、守護による安堵状などが発給されるのは畠山国清以降のことであり、とくに、山名・大内両家が守護職となった段階で多くの寺領保護政策などが行われるようになる。
(39) 高井昭「日前・国懸神宮本殿の建築と神事について」（『日本建築学会計画系論文集』四六〇、一九九四年）。同「中世における日前・国懸神宮の神事――その相違点を中心にして」（『神道及び神道史』五二、一九九四年）。同「日前神宮・国懸神宮の静火御祭について」（『神道及び神道史』五三、一九九六年）。
(40) 伊藤信明「日前・国懸宮の応永六年神事記について」（『和歌山県立文書館紀要』七号、二〇〇二年）。
(41) 『応永神事記』は、伊藤信明氏が註(40)前掲論文において、国立史料館所蔵本を翻刻しており、ここではそれを底本とした。
(42) 網野氏による民族史的転換論は様々なところで述べられているが、ここでは網野善彦「異形の王権」（同『異形の王権』、平凡社、一九九三年）を挙げておく。
(43) 『暦応三年親文元服御譲補等日記』（日前宮文書、『紀伊続風土記』附録三）。

(44) 『永和元年俊長譲補委細日記』（日前宮文書、『古事類苑』神祇部四）。

(45) 俊長は応永四年正月五日に非参議従三位に叙任され、さらに翌応永五年正月七日には侍従に任官され、応永十二年までその位にある。また行文は永享元年に父と同様、非参議従三位に叙任され永享十年まで同位のまま確認される（『公卿補任』）。このように『応永神事記』が編纂された時期は、南北朝内乱を経て最も国造家がその勢力を伸張した時期であり、神領復興に成功した時期と重なるのである。

(46) 伊藤註(40)前掲論文。

(47) この項目は、『応永神事記』の冒頭に掲載されている。

(48) 井原註(4)前掲論文。

(49) 『応永神事記』には「惣官」という語がしばしば見えるが、これは国造を指している。国造が惣官と呼ばれているのは神事においてであり、日前宮において祭祀の司としての国造の立場を示す語が「惣官」であったと考えられる。また惣官という語が職能民の長を指すという見解が網野善彦氏によって提示されている（網野善彦・横井清『都市と職能民の活動』、中央公論新社、二〇〇三年）。

(50) 中臈は日前宮の神官であり、相見（二人）・大内人（二人）・火焼（二人）・権内人（二人）・大案主（六人）で構成される（『紀伊続風土記』巻十四）。

(51) 和佐荘は紀ノ川から南岸への取水口にあたり、和佐山には高社（高大明神）が祀られている。永享年間には旱魃による水不足から日前宮と激しい相論を繰り返し、守護・幕府の調停さえ効力を発しない事態に至っている。この事情については和佐家文書（『和歌山市史』第四巻）に詳しい。

(52) 『紀伊続風土記』巻十四は、『倭姫命世記』を引いて専女神が御倉神であり、保食神であると比定している。『倭姫命世記』（岩波日本思想大系『中世神道論』、一九七七年）には「御倉神。専女也。保食神是れ也」また「調御倉神宇賀能美多麻神。三狐神。形は尊形也。保食神是れ也」と記されている。

(53) 草宮とは、国造家の居所内にあり、国造家の祖先神を祀るとされる（『紀伊続風土記』巻十四）。

(54) 山中裕「七瀬祓について」（『日本歴史』六〇八号、一九九九年）。『安倍清明と陰陽道展』（京都文化博物館、二〇〇三年）。

(55) 吉備慶舟「日前宮の七ヶ瀬祓」(『木の国』一五号、木国文化財協会、一九八二年)。
(56) 『延喜式』巻十「神祇十　神名下」(新訂増補国史大系二六)に「加太神社」と記される。
(57) 吉田津の初見は、永承三年紀伊国名草郡郡許院収納米帳幷進未進勘文(九条家本延喜式巻八裏文書、『和歌山市史』第四巻、平安一三八号)である。
(58) 嘉元四年五月二十日付浄土寺置文(了法寺文書、『和歌山市史』第四巻、鎌倉一九八号)。
(59) 応永二十七年十二月二十七日付浄土寺寺僧等置文(了法寺文書、『和歌山市史』第四巻、室町一一五号)。
(60) 『紀伊続風土記』巻十四の「国造家譜」三十五代国造槻雄の条に「按するに国造家文明年中ノ記ニ云、三十五代国造槻雄、坂田村浄土寺を建立す云云」と記されている。
(61) 『紀伊続風土記』巻十四。
(62) 『感身学正記』文永六年十月条(細川涼一訳注『感身学正記』、平凡社、一九九九年)。
(63) 『延喜式』巻十「神祇十　神名下」(新訂増補国史大系二六)に「鳴神社」とあり、名神大として月次・相嘗・新嘗にあずかっている。
(64) 『紀伊続風土記』巻十二「神宮郷鳴神村」の項に、鳴神社の神主補任について「日前宮ノ旧記に中世国造家より神領若干を寄附し、大禰宜を補任し、祭祀等は神官の内、行事を代官とす。是を鳴神行事といふ」と記されている。
(65) 五十猛命は『日本書紀』神代巻によれば、素戔嗚尊の子で、またの名を有功神ともいい、大屋都姫命、抓津(都麻津)姫命とともに紀伊国に渡ったとされる。いわゆる伊太祁曾三神がそれにあたる。
(66) 『紀伊続風土記』巻十七「山東荘伊太祁曾村」の項によれば、先の五十猛神が当初祀られていた名草万代宮が、その後日前国懸神に譲られ、五十猛神は山東荘へ遷座したとされる。
(67) 『延喜式』巻十「神祇十　神名下」(新訂増補国史大系二六)に「伊太祁曾神社」とあり、名神大。相嘗・新嘗にあずかっている。
(68) 長承元年十一月十六日付山東荘立券文案(『根来要書』下〈『和歌山市史』第四巻、平安一九四号〉)。
(69) 天養二年三月二十八日付大伝法院陳状(『根来要書』下〈『和歌山市史』第四巻、平安二一〇号〉)。

(70) 伝法院は明王寺と呼ばれ、本堂が大日堂で『紀伊続風土記』編纂の段階では根来寺蓮華院末であったようである。ちなみに、『紀伊続風土記』によれば、「伊太祁曾明神の奥ノ院」として位置づけられ、本堂前の芝地に伊太祁曾社の御旅所があり、流鏑馬祭礼の馬場もあったとされる。鎮守として丹生明神を祀っており、この点も興味深い(『紀伊続風土記』巻十七、名草郡山東荘明王寺村の項)。
(71) 貞和五年閏六月十一日付高野山衆徒預所職寄進状案(『高野山文書』五、大日本古文書)。
(72) 『暦応三年親文元服御譲補等日記』(日前宮文書、『紀伊続風土記』附録三)。
(73) 玉津嶋渡御の日前宮一宿については『紀伊続風土記』巻十四「名草郡日前国懸両大神宮下」の項に記される。
(74) 文保二年六月日付日前宮人母頼幸和与契状写(日前宮文書、『紀伊続風土記』附録三)。なお、正文と思われるものが丹生家文書にある。
(75) 註(71)前掲文書。
(76) 『続日本記』(新訂増補国史大系二)。
(77) 『続群書類従』三輯上所収。
(78) 正長二年四月十五日付　前国造紀行文下文(淡島神社文書、『和歌山市史』第四巻、室町一三四号)。
(79) 大山喬平「荘園制」(岩波講座『日本通史』七巻、一九九三年)。
(80) 海津一朗「紀北の荘園世界」(藤本清二郎・山陰加春夫編『和歌山・高野山と紀ノ川』街道の日本史三五、吉川弘文館、二〇〇三年)。
(81) この点については、百姓と公事の視座から別に検討する必要があるが、さしあたり、年未詳(戦国初期カ)の惣郷百姓等申状(日前宮文書、『和歌山市史』第四巻、戦国一―一四三号)などを参照のこと。
(82) 註(59)前掲文書。
(83) 中澤克昭「村の武力とその再生産」(小林一岳・則竹雄一編『戦争Ⅰ　中世戦争論の現在』、青木書店、二〇〇四年)。
(84) 『太平記』などによく見られるとおりであり、当該期、野臥が戦争時において、かなりの頻度で動員されていた様子が窺える。

(85) 元亀三年五月吉日付日前宮炎上日記（日前宮文書、『和歌山市史』第四巻、戦国二一一九四号）。
(86) 本章第二節。
(87) 荷前は日前宮文書中に頻出するが、それは、神事における捧げ物を指す言葉であり、『応永神事記』でも荷前奉献が重要であったことを窺い知ることができる。
(88) たとえば、建長二年付荷前田員数注進状写（日前宮古文書、国立国文学研究資料館史料館所蔵『紀伊国古文書』所収）など。
(89) この点については、多くの研究がすでにあり、呼称についても議論の分かれるところではあるが、惣国に関する研究状況については紀州惣国研究会「紀州「惣国」研究の課題と展望」（『和歌山地方史研究』四六号、二〇〇三年）を参照されたい。
(90) 笠原一男『一向一揆の研究』（山川出版社、一九六二年）。
(91) 井上鋭夫『一向一揆の研究』（吉川弘文館、一九六八年）。
(92) 永禄五年七月付湯河直春起請文（東京湯川家文書、『和歌山市史』第四巻、戦国一一一三二号）ほか。
(93) 『官幣大社日前国懸神宮本紀大略』（官幣大社日前国懸神宮社務所、一九一六年）。
(94) 文明八年四月七日付日前宮大工職補任状（日前宮文書、『和歌山市史』第四巻、戦国一一一七号）。
(95) 田所氏は、後世「田所」と姓を改めるが、中世には「平」を本姓としており、林家とともに和太荘の現地における荘園経営に携わっていた。田所氏について知りうる史料として、国立国文学研究資料館史料館所蔵の『藩中古文書』に所収された田所家文書がある。
(96) 森岡清美「辻本考」（同『真宗教団における家の構造』、御茶の水書房、一九七八年）に所引される湯橋家の家伝、「長泰年譜」など。
(97) 藤木久志『豊臣平和令と戦国社会』（東京大学出版会、一九八五年）。
(98) 太田家文書（『和歌山市史』第四巻）。大村由己『紀州御発向之事』（『続群書類従』二〇輯上）。

第三章　紀州惣国の形成と展開

はじめに

第一章と第二章では、中世の在地社会において宗教を背景に「公」が形成され、その「公」性に基づいて地域社会が形成されていくことを論じた。本章では、その「公」が一揆を結び、「公」をさらに展開させていく過程を検討したい。

日本の中世村落、とりわけ後期村落については、一九九〇年代に藤木久志氏が「移行期村落論」を提起して以来、「自力の村」の存在に着目して研究が進められ、多くの成果が蓄積されてきたと言える(1)。そうした研究状況の中で、従来あまり注目されてこなかった「惣国一揆」に関する研究も、一九九〇年代後半から二〇〇〇年代前半、飛躍的に発展しつつある(2)。

湯浅治久氏によれば、惣国一揆論とは、「大名権力の自律性・強大性に議論が集中した感がある八〇年代の戦国史研究のなかにあって、唯一、村落史や在地領主研究との接点を担った分野」であり、その本質的な論点は「戦国の一揆が村落・百姓を含みこんで成立することの意味を問うこと」にあるとされる(3)。また池上裕子氏は地域社会論の視点から「惣国一揆」を「村々と在地領主が形成した地域社会の政治的到達点」であり、「下からの地域形成」「地域社会独自の政治的運動」と評価している[4]。つまり、中世後期に高まりを見せる自検断を背景に地域社会が独自の社会秩序を形成していく運動を象徴する現象の一つとして「惣国一揆」が位置づけられるのである。「自力の村」の実態が詳細に実証された九〇年代の研究成果を踏まえた上で、次なる段階として「自力の村」が何を目指し、どのような広がりをもつに至ったのかを追究しなくてはならない段階に来ていると思われる。かかる問題関心に基づいて「惣国一揆」に改めて取り組むことが本章の課題である。

今回素材として取り上げるのは紀州に展開した紀州「惣国」である。紀州の「惣国」をめぐっては多くの研究がすでになされているが、いまだ統一的な見解を得るには至っていない現状にある。七〇年代以降、九〇年代に至るまでの間に出された諸研究において、その傾向は顕著であり、「惣国」の構造といった点ではなく、史料上の語句解釈などに傾く点が多かった[5]。そこで本章では諸先学の研究に学びつつ、中世社会における下からの地域形成現象の一つとして紀州「惣国」を取り上げ、とくにその成立過程と基礎構造という点に視点を絞って考察する。

第一節　問題の所在

1　惣国一揆概念の規定について

ここではまず「惣国一揆」概念について簡単に整理しておきたい。中世社会においては諸階層の一揆が重層的に結びつき、「国」や「郡」といった地域のつながりを基盤に結合し、自律的な連合が形成されるようになる。こうした諸階層にわたり、村落、荘園などの枠を越えて形成される重層的な一揆の形態を一般的に「惣国一揆」と呼び、「惣国」と名に冠するものに限らず、「郡中惣」や「郡一揆」などの一揆も含めて「惣国一揆」として把握されることが多い。

つまり史料上、「惣国」と出てくるものに限らず使われる言葉であり、研究上の用語であると言える。湯浅治久氏の整理によれば、こうした概念を最初に提唱したのは永原慶二氏であった。氏は国人領主の連合を「国人一揆」、土豪（小領主層とも呼ばれる中間層）と農民を主体とする連合を「惣国一揆」と概念規定し、その典型事例を山城国一揆に求めた(6)。

この説に対置されるのが、峰岸純夫(7)・石田晴男(8)両氏の論である。とくに石田氏は「惣国一揆」の構成主体を、永原氏が言うような中間層や農民ではなく、「職」を保持し領主権を行使する「一定の政治的地をもつ在地領主」と規定し、「惣国一揆」そのものについても「近年の中世後期の村落研究が明らかにした「惣村」を基礎とした郷や庄単位の上部組織である「惣郷」「惣庄」と「郡中惣」「惣国」とは構成原理を異にした異質の性格の組織と考えるべき」であり、「「郡中惣」「惣国」は支配者である在地領主の連合体であり、村落結合とは性格的に異なっている(9)」として、「惣国一揆」を村落や在地社会とは対立する支配的な性格をもつ組織であるとしたのである。このほかにも「惣国一揆」に関する規定は様々あるが、ほぼ永原説と峰岸・石田説の二説に大別され、両者の認識の差異は、①惣国一揆を農民闘争の延長線上で捉えるか否か、②構成主体を中間層に求めるか、それとも領主層に求めるのか、という二点にあるとされている(10)。これらのことから、惣国一揆については、その本質が曖昧なままに議論されているのが現状であると言えよう。

2　紀州惣国をめぐる諸説

以上、「惣国一揆」について主要な見解を確認してきたが、紀州の場合に目を転じてみたい。

紀州は中世から戦国期を通じて、一国を統括するだけの権力をもった守護や大名は存在せず、高野山・根来寺・粉河寺・熊野三山などの宗教諸勢力、幕府奉公衆で国人領主として勢力を振るっていた湯河氏や玉置氏、そして紀ノ川河口部の名草郡・海部郡両郡にわたって形成された、雑賀五組（雑賀荘・十ヶ郷・社家郷＝宮郷・中郷・南郷＝三上郷）と呼ばれる地域的一揆、といった具合に、諸勢力が分立している状況にあった。とりわけ、雑賀五組に関しては、石山戦争を背景として天正五年（一五七七）に起こった織田信長の紀州攻め、天正十三年（一五八五）の羽柴秀吉による紀州攻めという天下統一事業の要となった戦争に直面したことにより、古くから注目されていたが、それは主に、一向一揆研究の付属的なものとしてしか取り上げられてこなかった(11)。

そのような紀州戦国期研究に政治史の立場から「惣国一揆」説を取り入れ、画期をもたらしたのは石田晴男氏の研究である(12)。石田氏は、それまでの研究で個別・独立した勢力であるとされてきた雑賀門徒・根来寺・守護畠山氏・湯河氏などが段階的に一揆を結び、最終的には紀州一国規模の一揆を形成するという見通しを提示、それが「惣国一揆」であるとしたのである。氏の論において画期的であったのは、それまで、ほとんど言及されてこなかった守護畠山氏の政治動向を詳細に踏まえた上で紀州の戦国期を捉えようとした点であった。

この石田説を嚆矢として、紀州の「惣国」をめぐる議論は活発になり、紀州戦国期研究が飛躍的に進んだと言ってもよい。まず石田説に疑問を呈したのは小山靖憲氏である。氏は一国規模の一揆が成立していたという石田氏の見解を批判し、石田氏の取り上げなかった史料を検討して、紀州惣国が実質的には、雑賀五組を指すという見解を示した。[13]この小山論に引き続いて、石田氏の一国規模一揆論に反論を展開したのが、熱田公[14]・小林保夫[15]・弓倉弘年[16]らの諸氏であった。

熱田氏は小山説をほぼ踏襲した上で、石田氏が一国規模一揆成立の根拠とされた『多聞院日記』の記事[17]について、「予測記事」であり、「風聞」すなわち、「口遊」であったことを指摘している。また、小林氏も、小山・熱田両氏に引き続いて一国規模一揆説を否定した。氏は紀州惣国について、「石田氏の言うような湯河氏と門徒を含む雑賀衆の「惣国一揆」でもなく、「一族一揆」たる湯河氏、在地領主連合としての雑賀「一揆」、惣分方を中心とした根来寺衆の構成原理を異にした三つの「一揆」からなる「惣国一揆」でもなく、正しく雑賀五組からなる雑賀衆の「一揆」に他ならない[18]」とした。さらに弓倉氏は石田説を踏襲するかたちで惣国を論じた藤田達生氏[19]への批判として紀州惣国の問題を改めて取り上げ、やはり「惣国」＝雑賀衆であるとの結論を下している。なお、これら小山氏に始まる一連の石田説批判とは別の側面から在地領主と村落との関係などを中心に紀州惣国を検討した研究として、伊藤正敏氏の研究[20]や矢田俊文氏の研究[21]が挙げられる。

3 紀州惣国研究の課題

以上が紀州惣国に関する研究史の概略であるが、これら先行研究において残された課題は多くある。石田氏においては、政治史的動向を中心に紀州「惣国」を捉えようとしたために雑賀五組の構成主体について十分な吟味がないまま在地領主連合であるとしているような点、また小山氏以降出された一連の研究においては、紀州惣国が石田氏の言われた一国規模一揆であるか否かという点が強調されすぎ、一国規模ではないから惣国一揆とは呼ばず惣国とするべきである、というような理解がなされている点などである。規模という点に関しては言えば、惣国一揆は先に述べたとおり、一国規模の一揆を指すのではなく郡規模での一揆も惣国一揆であるとされるのであるから、惣国一揆として位置づけてもよいと思われるが、そうした概念規定に関する問題や、一般的な惣国一揆論と接点をもたぬままに議論が進んでいる点に課題があると言える。

無論、概念規定が統一されていない惣国一揆研究の現状が背景にあるので、関連づけて捉えるのは難しいことであるかもしれないが、紀州惣国を惣国一揆論の中に位置づけていくことは必要不可欠の課題であると言えよう。それは中世社会をいかに捉えるかという問題にもつながるものであり、その重要性は改めて指摘するまでもない。

以上のような課題を受けて本章では、具体的には、これまでの先行研究で取り上げられてきた史料群の再検討を行い、惣国の機能・構造・構成主体といった側面を追究し、さらに惣国がいかなる契機によって形成されていくものであるのか、秩序形成の視点からも考察を行いたい。

第二節　紀州惣国関連史料の再検討

ここからは、先行研究で取り上げられた史料群を見直し、それぞれの史料に現れる「惣国」とはいかなるものであるのか、石田氏が言うような湯河氏と雑賀五組の一揆結合を中心とした一国規模の一揆を指しているのか、それとも小山氏らが指摘するような、雑賀五組のみを指したものであるのか、まずはその点から確認しておきたい。

1　天文期史料にみる「惣国」

【史料一】『天文日記』天文五年閏十月十八日条

麻生与一、自二紀州丹下方一帰候、未二一途返事一候、惣国以二談合一、涯分可二馳走一之由候、是ハ筑前兄弟成敗之儀也、(22)

【史料二】『天文日記』天文六年九月六日条

従二熊野三山衆徒中一、以二書状一彼国湯河、社領など押領候間、可二成敗一候、然者雑賀衆、湯河方へ無二合力一様ニ可二申付一由申候、同雑賀へも有レ状、自二此方一付候へと申来候、此儀急度以レ使、雖二可レ申候一、先年玉置・湯河為二門徒衆一成敗候処、熊野三山より両人直候間、（脱文アルカ）自然門前ヨリ追帰候てハ、失二面目一儀候とて、堺遣、勢州伊沢商人依二牢人一、堺ニ居住候ニ、則堺材木町にて人の渡候とて持来候、其雑賀への状ニ、以二三郡一自二本願寺殿一御下之衆、為二三山一仕立可レ申候と書候ハ、筑（前カ）帰事候間、中々の曲事申候、但堺にて備中計儀（議）し候歟、(23)

史料一は、享禄四年（一五三一）に起きた享禄錯乱（大小一揆）の首謀者とされる本願寺坊官、下間筑前（頼秀）・備中（頼盛）兄弟の処分をめぐる記事であると考えられる。この時期、下間兄弟は紀州と関係をもっていたようで、下間兄弟を成敗しようとした本願寺証如から紀伊守護の畠山氏に成敗の旨の依頼をなしたものと考えられる。そのことについて、畠山氏被官である丹下氏からの返事はいまだ来ない状況であるが、「惣国」は「談合」をもって「馳走」する、と使者の麻生与一が述べたことを書き留めたものである。石田氏はこの史料一から守護畠山氏とは別の意思をもつ「惣国」が存在しているとし、その点に関して問題はないと考える。しかし石田氏が史料二の内容から、玉置・湯河成敗（天文三年、畠山氏が行った玉置・湯河攻めを指していると考えられる）の折に、畠山氏に動員された門徒衆が熊野三山の口入で湯河氏と和睦を結び、その時点で成立した雑賀衆と湯河氏による「国一揆的一揆」が「惣国」であると規定した点については、疑問を抱かざるをえない。氏が根拠とした史料二に記されているのは、あくまで天文三年（一五三四）段階での、湯河氏・雑賀衆和睦の状況のみであり、これをもって一揆が結ばれたとまでは言えない。ただし、その後、一揆体制が結ばれていくのも事実であり、両者の一揆体制の存在を否定するつもりはないが、この一揆を「惣国」であるとするのは無理があるのではないだろうか。

【史料三】『多聞院日記』天文十一年三月八日条

八日、於二河州高屋一、由座(遊佐)方トシテ、済(斎)藤山城守父子令二生害一了、爰元物忩口遊共也、備州来十三日ニ従二紀伊国一、熊野衆・龍神・山本・玉木(置)・柚皮(湯河)・アキソ(愛洲)・一ノセ(一瀬)ヲ大将トシテ、人数一万騎、根来・高野・粉川(河)三ヶ寺ノ衆各一味同心、宇治・サヰ(雑賀カ)四クサリノ大将其勢一万騎、都合人数三万騎ニテ河州へ可レ有二入国一旨一定〱ノ間、由座(遊佐)方致二同心一、日比斎藤、木沢ヲ贔屓シテ、長政弟中務カ所へムスメヲ遣テ親子ニナリ、種々造意ノ間、備州エノ色立ニ生涯云々、木沢ニモ以外恐怖也云々、(24)

これは畠山稙長が行った河内侵攻に動員された紀州の諸勢力が記された記事である。この天文十一年（一五四二）の稙長河内進攻によって、天文三年（一五三四）に湯河氏と雑賀衆との間に結ばれた「反守護闘争の可能性」をもつ一揆が性格変化し、守護畠山氏を推戴し、根来寺・高野山・粉河寺など諸勢力を糾合する「一国規模の一揆」へと拡大したと石田氏は理解している。これに対して熱田公氏は、この『多聞院日記』の記事を、風聞に基づく予測記事であることなどから、史料としての信憑性に疑問を呈した。この史料の記述が、どれだけの信憑性があるのかについて論じるだけの用意はないが、たとえそれが事実であったとしても、守護畠山氏の軍事動員に紀州の諸勢力が応じるのは何ら不思議なことではなく、それぞれの勢力が個別に列挙されていることからしても、各勢力それぞれが、独自に畠山氏の動員に応じたものであると考えるほうが自然であって、一国規模の一揆として意思統一した上で畠山氏の動員に応じる一揆であるとするにはやはり無理がある。またこうした軍事動員のあり方について言えば、伊藤正敏氏が根来寺や高野山・粉河寺などの宗派の異なる寺院が軍事行動をともにしている事実に着目し、学侶レベルでは犬猿の仲とも言えるそれらの寺院が、軍事を担う行人レベルでは共闘することも当然のごとくにあった事実を明らかにしている(25)。このことからも紀州の諸勢力は一国規模で意思統一を行い行動していたのではなく、時と場合によって合力・対立を繰り返す関係にあったと考えるほうが適切であろう。

2　湯河氏と雑賀五組——永禄期の史料から

次に湯河氏と雑賀五組との関係を示す重要な史料をいくつか取り上げ、湯河氏と雑賀五組との関係についてみていきたい。とくに先ほど『天文日記』の記事などから、「惣国」が守護とは別の意思をもっていることが確認できたが、湯河氏との間にはどのような関係があったのかを検討する。

【史料四】湯河直春等連署起請文案

案文

敬白　起請文事

右意趣者、今度代替為二礼儀一、差二越湊喜兵衛尉一候処、如二先々意一不レ可レ有二別儀一旨、誓紙到来候、此方之儀茂、聊不レ可レ有二疎意一、若此旨偽申候者、日本国中大小神祇・八幡大菩薩・春日大明神、殊氏神可レ罷二蒙御罰一者也、仍起請文如レ件、

永禄五年七月吉日　直（湯河直春）

湯河左近大夫
湯河式部大夫
湯河右馬允
湯河治部大輔
湯河源衛門尉
湯河掃部助
湯河久兵衛
湊新五郎
津村式部丞

口郡
雑賀庄
中　郷
十ヶ郷
三　上
社　家
御中(26)

【史料五】湯河直春起請文

敬白　起請文事

右意趣者、今度代替為二礼儀一、差二越湊喜兵衛尉一候処、如二先々一不レ可レ有二別儀一旨、誓紙到来候、此方之儀茂、聊不レ可レ有二疎意一、若此旨偽申候者、日本国中大小神祇・八幡大菩薩・春日大明神、殊氏神可レ罷二蒙御罰一者也、仍起請文如レ件、

永禄五年七月吉日　直（湯河直春）（花押）

雑賀本郷　源四郎大夫殿
岡　三郎大夫殿
湊　森五郎殿
同　藤内大夫殿

宇治　藤右衛門尉殿
市場　五郎右衛門尉殿
三日市　左衛門大夫殿
中嶋　平内大夫殿
土橋　平次殿
同　太郎左衛門尉殿
福嶋　次郎右衛門尉殿
狐（梶）嶋　左衛門大夫殿
狩取　与三大夫殿
中郷
岩橋　源大夫殿
岡崎　藤右衛門尉殿
栗栖　四郎大夫殿
野上
若林　治部殿
和佐　九郎大夫殿
山本　刑部左衛門尉殿
加能（納）　刑部大夫殿

十ヶ郷

鈴木　孫一殿

楠見　藤内大夫殿

坂井谷(栄)　源次郎大夫殿

松江　左近大夫殿

賀田(加太)　助兵衛殿

木本　源内大夫殿

南郷

大野　稲井殿

且来　松江殿

多田　神主殿

吉原　林殿

安原　五郎右衛門殿

吉礼　次郎大夫殿

三葛　田所殿

本和多利(渡)　左衛門大夫殿

社家郷

中嶋　嶋田殿

神崎（前）　中務殿
進之候、(27)

ここに掲げた史料四・五は、永禄五年（一五六二）、国人領主で奉公衆の湯河氏の代替に際し、口郡（奥郡に対する呼称で、現在の紀北地域を指す）の雑賀五組（五郷・五搦）に対して出された起請文である。ここに、口郡の側から湊喜兵衛尉なる人物が遣わされ、前々の通り別儀がない旨を申し入れていることがわかる。史料四は宛所に雑賀五組が記されており、史料五は宛所に人名を列記する形式となっている。史料五には野上という地域が一つつけ加えられており、史料四よりも一地域増えている。この点については検討を要すると思われるが、これまでの研究では野上は中郷に含まれるのではないかという指摘がなされており、いったんはそれに従っておきたい。さて、この二通の文書を見てみると、どちらも口郡の地域連合に対して宛てられたものである。とくに史料五は、各郷ごとに数名から十数名の名が記されており、各人名の上には、その人物が所属するであろう郷・村レベルの地名が記されている。これは、ここに名を連ねた人々が雑賀五組を構成する地域の代表者であることを示していよう。つまりこの史料から雑賀五組地域が口郡において、あるまとまりをもっており、少なくともこの永禄段階において湯河氏と起請文を交わし合うような間柄にあったことがわかるのである。それゆえに、たしかに一揆体制が形成されていたことが、ここに至って明らかとなるのである。

3　宛所と構成員の階層

ではここに宛所として記された人々はいかなる階層であったのか、その構成主体について考えてみたい。石田氏は史料五に記された人々を「在地領主」であると規定した[28]。しかしここに記された人々のうちには村落内身分秩序が可視的に表現される宮座での座次が他の宮座構成員よりも下位にある人物も含まれていることが伊藤正敏氏によって明らかにされている[29]。とすれば、石田氏が定義するところの在地社会から分離した支配者としての「在地領主」と、この文書に現れる人々が同質の存在であると考えるのは無理がある。むしろ、彼らは「村落領主[30]」とでもいうべき性格をもつ者である。たとえば、先に挙げた伊藤氏の論によると、「賀田《加太》」（海部郡加太浦）の「助兵衛」は、名主として在地における有力者層の一人ではあるが、けっして突出した地位にあったわけではなく、宮座の座次を見ても他の宮座構成員よりも下位にあって、とくに特別な地位や権限は得ていなかったとされる[31]。また、大野（名草郡大野郷）の稲井氏も、地域の有力者集団である大野十番頭で構成される春日粟田大明神の宮座座配では右座の末尾に座しており、彼もまた特別な立場にある者ではなかった[32]。さらに、吉原の林氏は、日前宮領和太荘吉原郷にある名草一郡の地主神とされる中言社の神主であるなど[33]、彼らは地域における有力者ではあるが、一円的な支配を行いえるような領主層ではなく、どちらかといえば百姓と近い立場にある者たち、すなわち村落領主層であったことが確認できる。さらに、地域別に彼らの名前が書き上げられているということは、逆に言えば彼らがその地域の代表者として在地から承認されていたことを示すのであって、個々人の力量や、上級領主層から与えられた権利によってここに名を連ねているのではなく、村落に保証されることで初めてこの立場が与えられたとみるのが妥当であろう。

以上、二つの史料から永禄段階で雑賀五組と湯河氏との間にはたしかに一揆の関係があったことを確認した。ただし、両者の性格は、小林氏も指摘するとおり(34)、一族一揆と地域連合的な一揆というように構成原理を異にしていること、また惣国を両者が名乗っていないことから、両者の一揆関係は認めるが、それを惣国とすることは、ここでは、いったん保留しておかねばならない。

4　「惣国」の機能と構造

ここで、惣国に戻って、湯河氏と惣国との関係を示す史料の検討を行いたい。

【史料六】湊(弘春)藤内大夫等連署起請文

湯河右馬允殿御被官丹下孫四郎事、慮外之働言語道断之間、其通可二申達一之処、惣国人数馳走仕、
公事本江能々意見之条任置之由候、然之間、対二右馬允殿其外御被官衆供ニ一、聊以不レ可二申事一候、
雖レ然此儀□(若カ)相違候而、於二中儀有一者、
日本国中之神祇、殊者八幡大菩薩之可レ蒙二御罰一候者也、但孫四郎事者、見相次第ニ可二生涯一候、
此等之旨、為二御心得一申上候事候、恐惶謹言、

(永禄五年カ)九月廿九日

湊領家分
《さいか》源大夫　藤内大夫
《おか》三郎右衛門　大夫左衛門
《しんさいけ》掃部大夫　源次衛門
□□□
二郎右衛門　助衛門

中之嶋 源四郎大夫
ミかいち 源二郎大夫
土橋 平次胤（花押）
福嶋 源介
きつねしま 四郎左衛門
十ケ郷 孫一
中郷 源大夫

以上

湯河安芸（宗慶）之守殿

参

太郎右衛門
九郎大夫
左衛門大夫
刑部大夫
七郎右衛門
助右衛門
助衛門
三郎右衛門
助兵衛
二郎大夫
三郎左衛門
森五郎（花押）
五郎大夫
宗大夫
二郎右衛門
三郎左衛門（花押）

人々御中[35]

　これは先の起請文と同時期のものと考えられる文書である。この文面だけで詳細を捉えることは難しいが、先の永禄五年の湯河氏起請文にも名前が現れていた湯河一族の一人、湯河右馬允の被官である丹下孫四郎なる人物が、湊領家分の者に対して「慮外之働」を行ったようである。それについて、雑賀五組のうち、雑賀荘湊に所属する者たちが、藤内大夫以下二十名の連署をもって湯河に申し入れを行った。孫四郎の働きは「言語道断」であるが、「惣国」が「人数」を「馳走」し、「公事本」によく意見するというので、（惣国に）任せ置くことにしたので、しかる上は、丹下孫四郎の主である湯河右馬允や、その他被官衆に対して、いささかの「申事」もしないと誓っている。ただし重要なのは、孫四郎本人については見つけしだい生涯（殺害）することを、断っている点である。これは、個対個の争いが、所属する集団対集団の武力を伴った紛争へと即時に転化することが常であった中世社会にあって、その危険性を防ぐために在地社会が生み出したシステムが適用された事例であると言えよう[36]。

　またこの文書には「惣国」の役割が明確に示されている。まず、この紛争の収拾が当事者同士から「惣国」に預けられていることから、「惣国」が紛争解決の中人的な役割を担っていたことがわかる。さらに、湊領家分の二十名と湯河氏は、この時点で「惣国」には含まれていないとみることが妥当である。とすれば「惣国」はいったい誰を指しているのであろうか。ここでは史料上段に署名している「さいか（雑賀）源大夫」以下、「中郷　源大夫」までの十一名が「惣国」であるとしか考えられない。形式からみると、宛所の湯河安芸守に対して、条件付で紛争の解決を第三者に任せたことを湊領家分の者が誓い、それを上段の「惣国」が紛争解決を任されたものとして証判するという内容であると思われる。

これとよく似た文書が確認できる。これは小山氏が「惣国」＝雑賀五組であると証明するために用いたものである。[37]

【史料七】岩橋荘神主等連署起請文案

□□□□□□□（和佐岩橋論所芝）之儀、為泉識□□□□□□□（坊并惣国被仰曖）、無残悉彼芝□（渡）置候、永代可□（有）御知行者也、□□（仍而）後日証文□（状）如件、

弘治三年丁巳四月十九日

岩橋庄

神主（略押）

源大夫（略押）

助（略押）

平内大夫（略押）

四郎大夫（略押）

若大夫（略押）

六郎三郎（略押）

権守（略押）

孫五郎（略押）

（追筆）

「神宮□（略押）

源三大夫（略押）

三上郷

神主」

和佐庄

雑賀庄曖衆人数
湊藤内大夫（略押）　雑賀助大夫（略押）
岡監物大夫（略押）　湊惣大夫（略押）
中嶋源左衛門大夫（略押）　六日市五郎右衛門尉（略押）(38)
「参」(イ)

これは弘治三年（一五五七）に、雑賀五組の一つである中郷を構成する岩橋《（湯橋）》荘と和佐荘との間で起こった芝地（荒撫地）の所有権をめぐる相論に関する文書である。中郷内部において起こった芝地所有権をめぐる村落間相論を「惣国」と根来寺坊院の一つである泉識坊が調停を行っているのであるが、ここに現れる「惣国」について、小山氏は、

石田氏の指摘するような「惣国一揆」の「惣国」とは考えられず、文書の記載様式からおして「惣国」は末尾に証判している湊藤内大夫以下、六名の「雑賀庄曖衆人数」に該当すると言わざるをえない(39)。

としている。これも訴訟当事者が証文を認め、それを「惣国」が証判するという形式である。ほぼ小山氏の見解で間違いはないと思われるが、若干加えるとすれば、追筆にある神宮（社家郷）の某と、源三大夫、そして三上郷の神主も「惣国」に含まれる可能性が高いという点である。

このようにみてくると、「惣国」が雑賀五組の構成員に関する訴訟などを中人として扱う組織であるという性格が浮かび上がってくる。また、証判を行っている人物が史料六と史料七で違うことにも注目する必要がある。この事実から導き出されるのは、「惣国」が必ずしも固定された成員によって運営されていたのではないということである。史料五・六・七で複数その名が確認できるのは湊藤内

大夫と中郷源大夫、そして六日市（史料五では市場）の五郎右衛門尉と、三名いる。史料六においては藤内大夫らが訴訟当事者であり、源大夫は惣国として証判する立場にあり、史料七においては源大夫が訴訟当事者となり、逆に藤内大夫が証判をしている。それぞれ自分が訴訟当事者である場合には「惣国」としてではなく、逆の場合には「惣国」として、紛争解決の中人として名を連ねているのである。以上から、「惣国」が紛争解決に際し中人の役割を果たすものであり、その時と場合に応じて構成員も流動的であるという性格をもっていることが明らかになった。

5　「惣国」の形成時期をめぐって

ここまで「惣国」の構造や役割について検討を行ってきたが、そうした「惣国」が成立するのはいつ頃のことであろうか。ここでは一通のこれまで取り上げられたことのない文書を取り上げて、「惣国」の成立時期について考察してみたい。

【史料八】　基盛書状写

急度申遣候、仍而御入国不日之条、就二根来寺之儀一、惣国江被レ成二御書一候、同遣レ状候、此方之事聊対二寺家一無二御別儀一候、然前者、為二郷中一申調無二之御身方可レ申事、尤以可レ為二神妙一候、猶下村孫右衛門可レ述也、あなかしこ、

応永七年

五月十九日　基盛判

大野十番頭中(40)

これは雑賀五組の一つである三上郷（南郷）の有力者の大野十番頭に宛てて出された書状であるが、近世に『紀伊続風土記』を編纂する際、紀州藩に提出するためにまとめた写の一つであり、原文書ではないという制約がある。しかし、同様の文書が他家にも所蔵されていることから、若干の誤写等はあるとしても、史料として扱うのにさほど問題はないものであると判断した。(41)

内容を見てみると、基盛なる人物が主人の意思を奉じて大野十番頭に出した奉書であることがわかる。年号は付年号のような形式で記されているが、応永七年（一四〇〇）という段階は、前年の応永六年（一三九九）に紀伊守護であった大内義弘が応永の乱を起こして敗死しており、その後に畠山基国が守護に任命されるのがこの応永七年である。これらのことから、ここにある「御入国」とは畠山基国の入国を指していると考えられる。これに際し、基国から御書が「惣国」に宛てて出され、その内容は「此方之事聊対寺家無御別儀候」とあるように、「寺家」すなわち根来寺に対して畠山氏が敵対する意識をもっていないことを明示した上で、根来寺との関係を取り持つように「惣国」に依頼しているのである。つまり、守護である基国から御書が出されたのと同時に、家臣である基盛が大野十番頭に宛てた添状がこの文書であったと考えられる。「惣国」に「御書」を出したことを伝えた上で、「郷中」として「無二之御身方申」べきことを指示している。ここから、「郷中」の代表としての大野十番頭の性格と、「惣国」の下部組織としての「郷中」の存在が想定されるのである。

このように、応永七年という段階で「惣国」が存在していたということになれば、これまでの紀州惣国に関する見方は大幅に修正されねばならない。すなわち「惣国」は紀州の雑賀五組地域を中心に形成された紛争解決などを担う機関であり、その萌芽は応永七年という早い段階で成立していたということになろう。

第三節　「惣国」成立の前提――下からの地域形成現象

ここまで、先行研究の成果によりつつ「惣国」関連史料群を再検討し、「惣国」の具体像をできるかぎり復元しようと試みてきた。ここでは、その「惣国」がいかなる背景によって形成されたものであるのか、「惣国」成立の前提に眼を向けてみたい。ここではとくに、在地における検断のあり方と、百姓の意識という点に注目して考察を進めていく。

1　和佐・社家の水論における検断――守護検断と在地検断

【史料九】草部盛長書状

去年神宮御相論井之事、去年之事者、いまた雖下不二落居一候上、憑て候者、以二口入一無異（為）に候かし、定当年神宮より兎角可レ申候、この事ハ於レ国難レ及二了簡に一候、所詮吹挙可レ致二進之一候、早々以二御参洛を一内通申候者可レ然候や、身之方より申せとて候、凡此方より不レ申候共、面々御方よりこそ御催促あるへく候に、如レ斯御無沙汰無二勿体一候、速々此趣和佐殿へ申て候かし、いまた於二面々御中に一御披露なく候哉、返々無二御心元一候、猶々早々御上洛候て、御申候者可レ然候、恐々謹言、

（永享五年）三月四日　　草部中務 盛長（花押）

和佐御給人御中、(42)

【史料一〇】日前国懸大神宮神官等言上状写

紀伊国日前国懸両大神宮神官等謹言上

就二当社井水一和佐庄給人等致二奸訴一間申条々、

右、当社井水者、不レ嫌二他之神社仏寺権門勢家領内一、随二要用一堀（掘）取事、垂跡以来社例也、爰和佐庄給人等致二無理之奸訴一条、太不レ可レ然、所詮彼荘之井溝各別仁在レ之、不レ混二社家井一処、依二太営一不レ員（費カ）レ力、社家之井水江横仁可二堀取一由申条、言語道断濫吹也、然者、去年於二守護代方仁一対決、任二社家理運一、以二使節一渡付処、何当年令二違乱一哉、一事両様以外之所行也、

一致二社家之合力一取水在所者、湯橋八幡領・粟栖粉河領、彼庄百姓等致二社家合力一、井水取事是先規也、於二和佐荘一者、別而有二井溝一、不レ混二社家井水一上者、不レ及二合力一之儀、何況不レ費レ力、横仁可二奪取一哉、依二守護被官致二押妨一者也、

一去月十九日御教書案文拝見之処、近年例可レ有二其沙汰一由被レ載レ之、然者社家理運勿論也、既去年五月、守護代方以レ使去渡上者、先規与二近年例一落居不レ可レ過レ之者也、

一両社与二高大明神一御相論之由訴申条、無二其謂一、彼明神者為二当社之末社一、各別在所也、更和佐荘給人等不レ可二相綺一処、掠二申　御教書一之条、希代猛悪也、於二　公方様一理非可レ有二御糺明一之由被二仰出一間、出二帯彼井溝指図一、古老之神人等数輩令二在京一、先規次第申披刻、今月十二日卯剋、自二守護代方一太神宮井溝切取之条、中間狼藉忽招二神敵一者哉、彼荘給人等致二無理沙汰一者也、

社家理運明鏡上者、為二向後亀鏡一、被レ処レ罪二科和佐庄給人等一、自今已後全二社用一、弥奉レ致二天

下安全御寿命長遠懇祈一、粗言上如レ件、
永享五年五月　日[43]

史料九・一〇はともに検断権が守護の権限では貫徹しえなくなっている状況がわかる史料であり、先の基盛書状が発給された応永七年（一四〇〇）に近い時期の在地状況が窺えるものである。永享五年（一四三三）は、畿内を中心に大旱魃が起こった年であり、百姓らにとって農業用水の確保が生死を分ける重大事であった。こうした状況の中で、雑賀五組の一つで社家郷にある日前国懸神宮（日前宮）と、同じく五組を構成する中郷の和佐荘との間で争われた水論である。

両者が争っているのは紀州で最大規模の灌漑用水の宮井用水（綾井ともいう）である。薗田香融氏がすでに指摘するように[44]、この用水は古代に開発されて以来、紀ノ川下流域を縦断して約五百余町を潤す用水で、大山喬平氏の計算によれば全長百町にも及ぶという大規模なものである[45]。日前宮はこの大規模用水の祭祀権を司っており、それだけに激しいものにならざるをえなかったと言えよう。一方の和佐荘は紀ノ川から宮井用水を分水する取水口に程近い地域にあり、宮井用水の上流に位置する荘園である。

この相論は用水権問題以外にも、日前宮と、和佐荘鎮守高大明神（高積社・高社ともいう）との本社・末社相論が付随しており、議論は非常に複雑になっている。この文書でとくに注目されるのは、史料九において守護方が「於レ国難レ及二了簡一候」と国許では解決できないことを述べており、幕府に裁判が持ち込まれ、将軍家御教書までが四月十九日に出され、さらに二通の遵行状も出されていることである。将軍家御教書を受けた守護代の遊佐国継が出した遵行状によれば「於二用水一者和佐へ可レ取之由」とあるように、[46] 和佐荘が勝訴している。ところがその裁決に対して日前宮の神官らが不服を申し立てて反駁しており、それが史料一〇である。社家側は「去月十九日御教書案文拝見之処、近年例可レ有二其沙汰一由被レ載レ之、然者社家理運勿論也」と、あくまで和佐側に非があることを貫き通そうとしている。そして最後には「掠二申　御教書一之条、希代猛悪也」とまで激しく反論を展開しているのである。

ここで重要なのは、守護の裁判権が在地において十分な実効力をもっていないということである。在地の側は守護や幕府の裁決について自らに有利な場合にはそれを正当性の楯とするが、逆に不利な裁決であった場合には、将軍家御教書さえも、不当に掠めたものであるとする姿勢を見せており、在地の主張が非常に強いことが明らかである。守護勢力を過小評価することは危険であるが、こうした事例を見るかぎり、とくに紀ノ川河口部においては少なくとも守護権限は相当限定されたものであったと言わざるをえないのである。

また、こうした在地紛争は藤木氏も指摘するとおり、[47] 領主間紛争というかたちをとっているとしても、その根底には山野水をめぐる百姓らの生死に関わる相論が存在しているということも忘れてはならない。こうした関係が領主と百姓との間に一揆を成立させる要因となった可能性は高いと考えられる。この相論の場合も表向きは日前宮と和佐荘の給人および高大明神との争いであるが、背景には日常的に水を利用する百姓らの強い意向があったことは想像に難くないであろう。

2　御百姓と領主——惣村・惣郷・惣国

ではそうした百姓と領主の関係とはいかなるものであったのか、さらに詳しくみていきたい。

【史料一二】日前宮領惣郷百姓等申状写

返々御ひくわん《御被官》たいてん《退転》の御やく　上様へさせられ候へと仰けれハ、年来の御ちそう《馳走》曲なき御事候、ひとへ《偏》に御百姓中の御きゝ分、万端賢おほしめし《思召》候外無他候、

就㆓御神事之儀㆒、此間も以㆓御沙汰人㆒、被㆓仰分㆒候様体、惣郷各きか《聞》せらるへく候、御馬之儀一き《騎》たらす《足》候処を、御ひくわん《被官》衆と御談合候へと、惣郷より御申ともに候間、其趣御ひくわん《被官》衆ニ度々仰きかせられ候へ共、九人ハ御やく《役》人御さ《座》候、一人の儀ハ可仕人なきと申上られ候間、上様御とうかん《等閑》なきとを《通》り、ありのまゝ、度々惣郷へ被仰分候、然者御ひくわん《被官》ニつとめて《勤手》御座なく候ハゝ、上様より御馬御出し候へと御申しおとろき《驚》入らせられ候、上様の御事は諸事惣郷へ御身をまかせられ、御見つき《継》ともにて御かんにん《堪忍》候間、朝夕御百姓中を御大せつとおほしめし候処ニ、御ひくわん《被官》のたいてん《退転》候て、御馬のなき処を、上様へ御馬を御出し候へと御申の段、さて〳〵余ニ御なさなき事に候、御ひくわん《被官》ニ御ふち《扶持》の物をめし《召》返されて、たいてん《退転》の儀にてハなく候、をのれ《己》とれん〳〵、れき〳〵たいてん《退転》にて候処を、　上様へ御馬御出し候へと御申事は、誠に曲もなきを御申とうらみ《恨》入せられ候、たとい　上様より御出し候とも御神慮ニハ一ツモかなひ申ましく候、あまりに〳〵こまかに仰候事、いかゝに候へ共、御沙汰人くハしく《詳》え申分ましく候間、如此候、殊更惣郷御れき〳〵御会合候御事候間御ことわり、能々

御拝見候て御まいらせ候ハヽ、御祝着是非有ましく候、此由相心得候て可申旨候、恐々謹言⑷⑻
これは、日前宮に対して惣郷百姓らが提出した申状である。写の段階での誤写があるのか、あるいは百姓らの仮名遣いであるためか、若干内容について理解し難い部分もあるが、全体を通して、百姓と領主との関係をよく示しており、非常に興味深い文書である。日前宮では馬を用いる神事として、流鏑馬や十列馬、白馬節会などがあるが、これは流鏑馬もしくは十列馬の神事に関するものであると考えられる。この神事を執行するにあたって、日前宮側から、馬が一騎不足（都合十騎のところ）しているので、それを惣郷百姓らに負担するように命じたようである。それに対して百姓らは、本来、神事を執行する立場にある被官衆と相談したところ、被官から九人までは役人が揃えられるが、一人だけどうしても不足してしまうという返事が来たのである。さらに、被官衆らは不足した分を「上様」すなわち日前宮惣官であり国造でもある紀氏に依頼したため、これを受けた百姓らは被官衆に対する痛烈な批判を展開していく。

百姓らは馬と勤手が不足している原因は、被官衆の怠慢が原因であって、それを国造家に出させるのは「余ニ御なさ（け）なき事」であるとしている。また、百姓らは「上様」を「諸事惣郷へ御身をまかせ」て「朝夕御百姓中を御大せつ」にする領主と認識しており、逆に被官衆に対しては、「上様」から「ふち《扶持》」を召返されて退転しているのではなく、自分たち自身の不始末で退転するという、不忠の者として認識していたのである。さらには、この被官衆の不始末を国造が収拾してしまっては「神慮」に叶わないことであるとまで非難しているのである。

つまり百姓らは、自らを「御百姓」であると認識しており、その御百姓を大切と思う「上様」こそが理想的な領主であると考えているのである。祭礼が地域社会にとって非常に重要な意味をもっていたことは、すでに多くの研究で指摘されているところであるが(49)、ここに現れる百姓らは、「御百姓」という自覚の上に、祭礼執行に対して明確に自らの意思をもって主張を行っているのである。

「御百姓意識」について、中世の百姓らがもった意識であり、これに基づいて一揆などを起こしていく正当論理とするという朝尾直弘氏の見解があるが、まさにそのとおりである(50)。また、酒井紀美氏がこのような百姓の認識について「十五世紀の土一揆を特徴づけるのは、村落の横への連合（惣郷）や、さらにはそれが拡大した惣郷連合とも言える広範囲な結集であるが、それはこうした「御百姓意識」の成立を待って初めて可能であった」と、御百姓意識が一揆形成の根拠となっていたことを指摘しているし(51)、藤木久志氏も「すなわち「御百姓」の表現が荘園領主に対し、強訴・耕地返上・逃散等の行動を示す主体について冠せられ、……「御百姓」はたんなる荘園領主への荘民一般の敬称ないし卑屈な隷属意識のあらわれと言う他に、やはり中世社会における「百姓」の法的地位とそれへの農民自身の自覚や自己主張を含むとするのが適切な理解」であるとしている(52)。これら三者の見解は、まさに的を射たものであると言える。日前宮領惣郷百姓らは、けっして卑屈な意識で「御百姓」と語っているのではなく、祭礼という場における役負担の権利と義務を明確に理解した上で、被官衆への批判を行っており、領主と百姓との理想の関係を、「上様」と「御百姓」との関係という文脈で主張しているのである。この場合で言えば、百姓らは御百姓である以上、「上様」との間で結ばれた責任は果たすが、被官衆の退転については、その義務を負担することを断固として拒否するという、明らかな意識をもっているのである。このように、紀ノ川河口部に位置する雑賀五組＝惣国の百姓らは、たしかに「御百姓」意識をもっており、法的地位をもつ「御百姓」としての権利と義務の自覚の上に「惣郷」を形成しているのである。

なぜ雑賀五組が「惣国」を名乗ったのかについて、小山靖憲氏が、構成員の中に国衙在庁の系譜を引く者がいたためとして、国衙公権継承説を見通しとして提起している[53]。しかし、はたしてそうであろうか。この点については、すでに伊藤正敏氏が「惣国」構成員で国衙在庁の系譜を引く者や様々な諸職を有している者たちについて、職保有者であり、その意味で在地領主であるが、彼らが名主百姓らと同列に並ぶのが「惣国」の特徴であり、「職の在地埋没」という現象が見られるということを指摘している[54]。これらのことからも、百姓が在地社会において形成した惣村を基盤に惣郷・惣荘へと発展し、それがさらに「惣国」として展開していったとみるほうが妥当であると言えよう。

国衙や守護の公権を継承するという見方、つまり上からの公権という捉え方は、たとえば加賀一向一揆の場合などにおいて言われるところである[55]。しかし少なくとも紀州「惣国」の場合にはむしろ、「御百姓」としての意識を自覚した百姓らが、その法的地位を自力救済権などを背景にさらに広げた上で創出した、いわば「下からの公」によって生み出されたものであると考えられるのである。

おわりに

第一節において、永原氏・峰岸氏・石田氏などの見解から惣国一揆の概念規定について触れたが、紀州の場合には、「惣国」は明らかに惣郷の上位に位置しており、その構成員の階層や、在地紛争に対する中人としての役割、対外交渉のあり方などから、けっして村落や荘園と切り離されたものではなく、むしろ、在地社会の領域紛争と密接に関わるもので、百姓と領主を含んだきわめて在地との関係性が深い共同体であり、ましてや百姓を含まない在地領主の連合といったものではないことが明らかになったと言えよう。そのような点からすれば、永原氏による惣国一揆の定義に合致するものであったと言える。

これは惣国一揆の性格規定に関わる非常に重要な点である。その意味で惣国一揆は、やはり、在地社会の側に基盤を置くものであって、けっして上からの「公」の継承などではなかったのである。この点は単に民衆闘争的な評価に止まるものではなく、事実、このように百姓を中心として、領主層も含みながら地域社会の秩序が形成されていくという現象が確認されたのであって、諸階層が様々な交渉を重ねながら生み出された「国」として「惣国」があったことは中世社会の一つの特徴であり、改めて一揆が形成した「国」を中世史の中に位置づけ直す必要があると思われるのである。無論、この「国」は国郡制における「国」と同義ではないし、信長らが形成しようと意図した「国」でもない。

ここまでの議論を通じて、第一章、第二章で明らかになった公の形成が、さらに裁判権などの領域に及びつつ、地域結合を生み出し、その正当性を主張していく状況を、紀州惣国の場合で確認した。ただし、惣国と成員が重なる一向一揆の問題については、いまだ十分な答えは出せていない。ゆえに、次章からは、一向一揆の問題に目を向けつつ論を進めていきたい。

註

（1）移行期村落論や、自力の村論については、藤木久志氏の一連の著作の他、稲葉継陽氏や酒井紀美氏らによって多くの研究がなされている。
（2）たとえば、湯浅治久『中世後期の地域と在地領主』（吉川弘文館、二〇〇二年）、長谷川裕子「戦国期における土豪同名中の成立過程とその機能――近江国甲賀郡を事例に」（『歴史評論』六二四号、二〇〇二年）、同「戦国期における紛争裁定と惣国一揆――甲賀郡中惣を事例に――」（『日本史研究』四八二号、二〇〇二年）、同「戦国期地域権力の家中形成とその背景」（『ヒストリア』一七七号、二〇〇一年）など。そこでは主に領主層の経済基盤や、実態を明らかにする研究がなされている。また湯浅治久「「惣国一揆」と「侍」身分論――在地領主・村落研究の接点を求めて――」（『歴史評論』五二三、一九九三年）も参照されたい。
（3）湯浅註(2)前掲書。
（4）池上裕子「中世後期の国郡と地域」（『歴史評論』五九九号、二〇〇〇年）。
（5）これらの研究史については川端泰幸・坂本亮太・野田阿紀子「紀州「惣国」研究の課題と展望」（『和歌山地方史研究』四六号、二〇〇三年）にまとめているので、参照されたい。
（6）永原慶二「国一揆の史的性格」（同『中世内乱期の社会と民衆』、吉川弘文館、一九七七年、初出一九七六年）。
（7）峰岸純夫「中世の変革期と一揆」（『一揆と国家』一揆5、東京大学出版会、一九八一年）。
（8）石田晴男「両山中氏と甲賀「郡中惣」」（『史学雑誌』九五―六号、一九八六年）。
（9）石田註(8)前掲論文。
（10）湯浅註(2)前掲論文。
（11）一向一揆研究の立場から紀州の雑賀衆を取り上げた研究の代表的なものとして、谷下一夢「石山合戦と紀伊雑賀勢」（同『真宗史の諸研究』、平楽寺書店、一九四一年）、三尾功「紀州における真宗の発展と雑賀衆」（『学芸』二、和歌山大学、一九五五年）、結城（内藤）範子「石山戦争期における紀州一揆の性格」（『封建社会における真宗教団の展開』、山喜房佛書林、一九五七年）、笠原一男『一向一揆の研究』（山川出版社、一九六二年）、井上鋭夫『一向一揆の研究』（吉川弘文館、一九六八年）などが挙げられる。

(12) 石田晴男「守護畠山氏と紀州「惣国」一揆」（峰岸純夫編『本願寺・一向一揆の研究』、吉川弘文館、一九八四年、初出一九七七年）。
(13) 小山靖憲「雑賀衆と根来衆――紀州「惣国一揆」説の再検討――」（同『中世寺社と荘園制』、塙書房、一九九八年、初出一九八三年）。
(14) 熱田公「雑賀一揆と根来衆」（北西弘教授退官記念会編『中世社会と一向一揆』、吉川弘文館、一九八五年）。
(15) 小林保夫「紀州「惣国」小論」（大山喬平教授退官記念会編『日本国家の史的特質　古代・中世』、思文閣出版、一九九七年）。
(16) 弓倉弘年「紀州惣国をめぐって」（『和歌山地方史研究』三四号、一九九八年）。
(17) 『多聞院日記』天文十一年三月八日条（増補続史料大成）。
(18) 小林註(15)前掲論文。
(19) 藤田達生「兵農分離政策と郷士制度――和歌山藩隅田組を素材として――」（『国立歴史民俗博物館研究報告』六九号、一九九六年）。
(20) 伊藤正敏「紀州惣国と在地領主」（『史学雑誌』一〇一―一一、一九九二年）。
(21) 矢田俊文「中世中・後期における村法の展開」（同『日本中世戦国期の地域と民衆』、清文堂出版、二〇〇二年、初出一九八五年）。
(22) 『天文日記』天文五年閏十月十八日条（『一向一揆』〈真宗史料集成三巻、同朋舎、二〇〇三年、初版一九七九年〉）。なお、ここに使者として見える麻生与一は、『天文日記』の五年十月十五日条にも見えており、十五日に、下間兄弟のことについて、申通しを行うために派遣されたものであろう。
(23) 『天文日記』天文六年九月六日条（『一向一揆』〈真宗史料集成三巻、同朋舎、二〇〇三年、初版一九七九年〉）。
(24) 『多聞院日記』天文十一年三月八日条（増補続史料大成）。
(25) 伊藤正敏「高野山・根来寺・粉河寺の行人」（『和歌山地方史研究』二二号、一九九二年）。
(26) 永禄五年七月吉日付湯河直春等連署起請文案（湯河家文書、『和歌山市史』第四巻、戦国一―一三二号）。
(27) 永禄五年七月吉日付湯河直春起請文（湯河家文書、『和歌山市史』第四巻、戦国一―一三一号）。

(28) 石田註(12)前掲論文。
(29) 伊藤註(20)前掲論文。
(30) ここで言う「村落領主」とは、大山喬平氏が提起したような領主層を指している。つまり村落の側に基盤を置きつつ、対領主との交渉を行い、領主からは下級荘官としての職を与えられているような階層であり、村田修三氏が言うところの「土豪」にあたるものである。大山喬平『日本中世農村史の研究』(岩波書店、一九七八年)ほか参照。
(31) 向井家文書三九(『和歌山県史』中世史料二)。
(32) 尾崎家文書八(『海南市史』三)

紀伊国名草郡大野庄三上郷於二春日粟田両大明神一座配之事

一座配之儀、任二往古定法一可レ有二連座一也、当時改故於レ為二往昔之式法混乱一如二先例之定所一也、至二祭礼祝言日一、有二故障一而無二出座一時、其席可レ為二空座一也、此旨於二違乱一者、永代留二両大明神出仕一不レ座之条相定、然上常々傍輩同座有間敷者也、定状仍如レ件、

文亀三年癸亥六月日

左座
石倉才若丸（花押）
田島　秀家（花押）
卯野辺善行（花押）
井之口春逸（花押）
藤田　春吉（花押）

右座
坂本　継久（花押）
三上　秀次（花押）
中山　久清（花押）

尾崎　家次（花押）
稲井　猶次（花押）

(33)『紀伊続風土記』吉原村。
(34)小林註(15)前掲論文。
(35)（永禄五年）九月廿九日付湊藤内大夫等連署起請文（湯川家文書、『和歌山市史』第四巻、戦国一―二三四号）。
(36)勝俣鎮夫『戦国法成立史論』（東京大学出版会、一九七九年）。
(37)小山註(13)前掲論文。
(38)弘治三年四月十九日付岩橋荘神主等連署起請文案（和佐家文書、『和歌山市史』第四巻、戦国一―二二一号）。
(39)小山註(13)前掲論文。
(40)応永七年五月十九日付基盛書状写（尾崎家文書二、『海南市史』第三巻）。
(41)田島家文書（『海南市史』第三巻）。
(42)（永享五年）三月四日付草部盛長書状（湯橋家文書、『和歌山市史』第四巻、室町一四二号）。
(43)永享五年五月日付日前国懸大神宮神官等言上状写（湯橋家文書、『和歌山市史』第四巻、室町一四九号）。
(44)関西大学考古学研究室編『岩橋千塚』第四章（和歌山市教育委員会、一九六七年）。
(45)大山喬平「中世における灌漑と開発の労働編成」（『日本中世農村史の研究』第二部Ⅳ、岩波書店、一九七八年、初出一九六一年）。
(46)永享五年五月十日付遊佐国継遵行状案（湯橋家文書、『和歌山市史』第四巻、室町一四七号）。
(47)藤木久志『豊臣平和令と戦国社会』（東京大学出版会、一九八五年）。
(48)年月日未詳日前宮領物郷百姓等申状写（日前宮文書、『和歌山市史』第四巻、戦国二―二四七号）。なお、本書掲載にあたり、国立国文学研究資料館史料館所蔵「日前官文書」にて校訂を加えている。
(49)宮島敬一『戦国期社会の形成と展開――浅井・六角氏と地域社会――』（吉川弘文館、一九九六年）、榎原雅治「中世後期の地域社会と村落祭祀」（同『日本中世地域社会の構造』第三部第一章、校倉書房、二〇〇〇年、初出一九九二年）など。

(50) 朝尾直弘『将軍権力の創出』(岩波書店、一九九四年)。
(51) 酒井紀美「飢饉・一揆・神慮の世界」(同『日本中世の在地社会』Ⅰ部第二章、吉川弘文館、一九九九年、初出一九八一年)。
(52) 藤木久志『戦国社会史論』(東京大学出版会、一九七四年)。
(53) 小山註(13)前掲書。
(54) 伊藤註(20)前掲論文。
(55) 神田千里「加賀一向一揆の展開過程」(『蓮如大系』、法藏館、一九九五年、初出一九九四年)。

第四章　戦国期紀州門徒団における年寄衆の性格

はじめに

これまで地域社会秩序が宗教に根拠をもつ「公」を創出しながら、自らの正当性を獲得していく過程を、紀ノ川流域の荘園を素材に検討してきた。著者はこのような地域秩序形成を、すぐれて中世的な現象であると考えている。政治的地域区分を越え、所有の境界を横断して形成される共同体が明瞭に登場し、政治性をもちながら自らの主張を展開することができるのは、中世に特徴的に見られる現象だからである。かかる在地の「公」が政治上の問題において他者（権力者）と対峙する場合に、しばしば「一揆」という行動形態をとることになる。中世社会は「一揆の時代」であると言われることが多いが[1]、先に述べた中世社会の多様な「公」の出現と同様、中世社会には、多様な「一揆」が発生したのである。本章以下では、とくに在地の「公」の運動形態としての「一揆」に着目し、中世社会の展開過程に「一揆」を位置づけたい。

ところで、中世社会における一揆といった場合、様々な一揆の存在形態がある。都市京都を中心に発生した土一揆、国人領主層が形成した国人一揆、伊賀や甲賀、紀伊などにおいて形成された惣国一揆などである。これらは、どこまでが土一揆であり、どこまでが国人一揆であるか、といった分類をするのは非常に困難である。このこと自体が、一揆のもつ多様性・複雑性を示しているのであるが、これらの中でも圧倒的な規模を誇り、中世から近世への転換点となったのは、一向一揆であろう。とくに、大坂本願寺をめぐって織田信長との間に足かけ十一年間にわたって繰り広げられた石山戦争は注目すべき問題である。第三章までの検討が、在地社会における民衆を主体とした「公」の創出過程と、それに基づく地域秩序の復元であったとすると、ここからは、そのような民衆の「公」と領主の「公」がどのように交わり、中世的な関係性を解消し、近世的な幕藩体制下の支配関係を構築していくのか、そのようなことを検討してみたい。

一向一揆は言うまでもなく、本願寺と門徒を中核とし、諸勢力を糾合しつつ構成された一揆である。一向一揆とひと言で言っても、本願寺八世・蓮如の時期に起こった初期の一揆と、十一世・顕如の時期に起こった大坂本願寺をめぐる一揆とでは、その性格に相当違いがある。本書ではとくに後者を取り上げるため、蓮如期の一揆の問題については、十分に触れることはできない。では、戦国期の一向一揆を取り上げるとして、何から検討せねばならないであろうか。このことを近年の真宗史の成果を踏まえて考えてみよう。

近年の真宗史研究において、とりわけ戦国期本願寺に関する研究で課題とされているのは、本願寺と一向一揆が別物であるとした「本願寺・一向一揆別物論」[2]以来、個別的に展開されてきた「本願寺教団論」と「一向一揆論」の二者を統一的に把握することである。その方面では、役や年中行事、教団成員の結集のあり方など、全体的な視野から戦国期教団の構造をまとめた金龍静氏の研究[3]、宗主を棟梁として推戴する一揆が教団の本質であるとみる神田千里氏の研究(4)などが挙げられる。とくに金龍氏は、教団論と一向一揆論を合わせて一書を刊行し、宗教一揆としての一向一揆論など、従来の研究を総括する成果を結実させている(5)。ただし、これらの研究において、金龍氏の場合であれば一般的な一揆との連関について十分には言及していないことや、神田氏においては逆に、室町幕府の権力関係の中に位置づけるに止まり、それ以上の問題を見出していないことなどが問題として残っている。本書の立場は、「一揆」という運動形態を、中世社会において諸階層が創出した「公」の政治的表現であると位置づけるので、こうした議論とは異なる点がある(6)。

教団論と一揆論をつなげるためには、やはり、一揆を支えた主体である門徒に着目しなくてはならないと思われる。門徒の問題は、本願寺・一向一揆を構成する人の問題となる。共同体を構成するのは人である。教義や理念と、それを受容し共有する人があって初めて、その可視的表現としての諸々の儀式・作法、さらには本尊のあり方や、建築に至るまで、共同体として必要な一つひとつの物事が生み出されてくると考えるからである。本願寺教団における人とシステム（法会・役・作法・体制など）に関する研究は、これまでにも多くの成果が挙げられている。たとえば、金龍静氏による卅日番衆という教団構成員の問題に関する研究(7)、早島有毅氏による本願寺の頭役に関する研究(8)、草野顕之氏の教団内身分に関する研究(9)、また、本尊や影像などの法物についての青木馨氏の研究(10)、儀式と教団内身分秩序の関係性を解いた安藤弥氏の研究(11)、法物下付のあり方から教団の特色に言及した青木忠夫氏の研究(12)など、枚挙に遑がない。さらに、寺内町に関する研究蓄積なども、システムに関する側面の研究とみることができよう(13)。

しかし、これらを一覧しても、やはり門徒に関する研究が非常に少ないことは明らかである。従来の坊主衆などの研究に加えて、これら門徒の具体像を明らかにすることは重要な課題であると思われる。なぜなら、再三述べることになるが、戦国期本願寺が経験した元亀元年（一五七〇）から天正八年（一五八〇）の十一年間にわたる石山戦争を実質的に担った主体こそ、門徒にほかならないからである。ゆえに、門徒の性格を検討することは、石山戦争の評価、ひいては教団および当該期社会の近世への転換をどのように捉えるのか、という問題の検討にもつながると考える。

本章ではとくに、門徒の指導者層であった「年寄衆」について、紀州の事例で考察を試みる。あくまで、一地域の事例であるが、第三章までで明らかにした地域秩序との関連も念頭に置きつつ、以下考察を進めていく。

第一節　本願寺教団における長と年寄

門徒において、その指導者層であった人々は、「長《おとな》」あるいは「年寄《としより》」と呼ばれた人々であった。彼らが門徒集団の最終意思決定権を担っていたのであるが、たとえば、こうした長・年寄という存在は、惣村においても確認できる。こうしたこともあってか、これまで一向一揆とそれ以外の一揆について、その性格の違いを捉えることが困難であった(14)。無論、複合性があるのは先にも述べたとおりであるが、その一向一揆の中核は、やはり真宗門徒である。ではそこにどのような特色を見出すことができるかを確認しなくてはならない。

本願寺教団において「年寄」に言及する場合、必ずと言ってよいほど引用されるのが、八世・蓮如の言行録に、蓮如自身の言葉として記される次の言葉である。

【史料二】『栄玄聞書』

一蓮如上人ツネ〳〵仰ラレ候、三人マツ法義ニナシタキモノカアルト仰ラレ候、ソノ三人トハ坊主ト年老《としより》ト長《おとな》ト、此三人サヘ在所〳〵ニシテ仏法ニ本付キ候ハヽ、余ノスエ〳〵ノ人ハミナ法義ニナリ、仏法繁昌テアラウスルヨト仰ラレ候[15]、

これは『栄玄聞書』の有名な一節である。蓮如は真宗の教義を広めるために、まず法義を伝える者として坊主・年老《としより》・長《おとな》の三者を挙げたのである。この三者が在所において仏法に「本付」けば、「余ノスエ〳〵《（末々）》ノ人」は、皆帰依し、仏法繁昌が実現されるという。つまり、これら三者は在所における布教伝道の際に最も重要な核になると蓮如が認識していた人々なのである。これはあくまで言行録であり、この文言を、そのまま事実を示す史料とするつもりはないが、少なくとも、蓮如の言行を受けとめた人々にとっての蓮如の考え方がそこに示されているとは言えよう。坊主はひとまず措くとして、ここで言われる年老と長とは、いったいどのような人々を指しているのであろうか。一般村落の場合、たとえば薗部寿樹氏によれば、年老・長はともに村落内の身分呼称であり、宮座等の「座衆身分集団のなかで臈次の高い者を年寄衆とする村落内身分体系」における呼称が年老（年寄）、「村人集団で臈次の高いもの」が長（乙名）であるとされる。[16] この薗部氏の見解を基にすると、『栄玄聞書』の中で示される年老・長は、やはり村落内における身分呼称であることは明らかである。ここで注意しておきたいのは、年老が、宮座などの宗教祭祀を紐帯に結ばれた集団における身分呼称であるとする点で

ある。地域や状況によって、必ずしもこの図式が当てはまるわけではないかもしれないが、宗教的身分表現（年老）・世俗的身分表現（長）というおおよその分類はできるように思われる。

また、この史料を取り上げた金龍静氏は、坊主＝寺号・坊号保持者、年寄＝法名保持者、長＝俗人有力者、と規定した上で、ここにおける年寄・長は、村落内身分における呼称であって、本願寺教団内における身分表現とは別のものであるとしているが、この『栄玄聞書』の場合は、いまだ法義に基づいていない者を前提としているので、村落内身分呼称であると解する余地も残されているように思われる。ただし、金龍氏の指摘で重要なのは、本願寺と門徒という関係において言われる年寄という呼称が、いわゆる在地の年寄とは異なるという点である。薗部氏・金龍氏いずれにせよ、それぞれの視点からの年寄・長理解であるが、宗教的（あるいは聖的）な側面における身分と、現実的（あるいは俗的）な側面における身分があったという点では共通しているように思われる。ただし、はたしてこのような明確な区分が可能であるのかどうかも含めて、さらに実態的な側面において確かめ、その上に、門徒における年寄・長の性格を抽出する必要がある。そこで、以下では本願寺門徒における長と年寄の性格を具体的に検討したい。

まず「長（乙名）」であるが、本願寺門徒の中での長はどのような人々であったのだろうか。ここではとくに、戦国期教団の基礎が形づくられる十世・証如の時期の長の性格について確認しておこう。門徒の動向を含めて様々な記事が記されているのは、証如自身が書いた『天文日記』（『天文御日記』『証如上人日記』とも）[17]である。順次この史料を追っていくと、十二件程度、「長」の事例が確認される。いずれにおいても、「長衆」という表現が使用されており、これが一人を指すものではなく、集合体としての人格を指すものであったことが窺える。まずは順次その概要を確認しておこう。

（1）播磨英賀には六人の長衆がおり、そのうち、すミや《（炭屋カ）》の甚兵衛なる者が死去し、千疋の弔料が出されている（天文五年三月三十日条）。

（2）播磨赤松氏に対しての音信と贈物を定める際、宇野越前守への書状および贈物については、取次の御厨五郎左衛門なる人物と英賀の長衆で談合を行った上で渡すようにと定めている（天文五年四月三日条）。

（3）六ヶ源右衛門なる人物が、同名新左衛門尉の跡職の進退について、証如に願い出た件に関連するものである。その時、「又其外兄弟両人」および「組長衆五人」の跡職についても、「此方次第」すなわち、証如に進退を預けるとの旨を申し出たのである。この時、証如は、即時には回答せず、しばらくはその跡職を守るように、申し付けを行っている（天文七年八月十六日条）。

（4）天文八年には、加州江沼郡が一島新兵衛なる人物と具足懸のことについて相論を行い、その相論裁定を本願寺において行っているが、その際、長衆が一人も上坂せず、末の者のみが上坂してきたことを、「以外越度」であると証如が叱責している（天文八年十二月十九日条）。

（5）天文十一年には斎の相伴に坊主衆三十一人を呼んでいるが、そこには加賀の長衆が二名いた（天文十一年八月二十日条）。天文十二年には子息顕如が誕生、その祝儀贈答に関連して加賀の長衆、とくにここでは、「旗本衆、又此類程なる衆」とあり、彼らが旗本的性格を有していたことを示している（天文十二年二月十二日条）。

（6）加賀の長衆が能楽に呼ばれている（天文十二年二月十九日条）。

（7）細川元常への音信について福田丹後なる人物をもって太刀を渡させているが、福田について、証如は「非二長衆一」と注記している（天文十二年十月十一日条）。

（8）証如が尼崎の新開へ招かれ、屋形船に乗って釣りなどをしており、その誘引を行ったのが新開六ヶ郷の衆であり、その指導者である新開六ヶ郷長衆であった。彼らは証如に召し出され盃を受けている（天文二十年四月六日条）。

（9）尼崎大物浦の惣道場について、取建を命じている。この尼崎大物惣道場は、これ以前に新義であるとして破却されていたようであるが、尼崎の日蓮宗が本興寺の後ろ楯のもと尼崎惣社の地に寺内を構えたことに対抗し、道場を改めて建立することを決したのである。この件について、大物長衆に命が下されている（天文二十一年二月六日条）。

⑽富樫が加賀石川下組永寿院末寺の比丘尼寺を没収し、僧侶を据え置いたことに対し、在所の長衆から馳走を依頼する旨が証如のもとにもたらされている（天文二十二年五月十八日条）。

⑾坊主衆と加賀長衆が湯漬をともに食している。ただしここで呼ばれているのは、「組へ出衆迄」であった（天文二十二年九月四日条）。

⑿本善寺証祐の跡目について、惣中の長が九人伺候し、連署をもって跡目相続の件については証如次第に任せる旨を申し入れている（天文二十三年四月二十七日条）。

以上が、『天文日記』から確認される長に関する記述であるが、ここから読み取れるのは、彼らが在地における門徒もしくは惣の意思決定権を有する代表者であり、時として相伴にあずかる身分であったこと。また、自らが関わる訴訟に関して、本願寺証如に裁判権を委ねていることなども挙げられる。ただし、この記事だけでは、どうしても、彼らが門徒であるか非門徒であるかといった判断は下せない。ここから言えるのは、長衆が、ある共同体の代表者であるということである。とくに『天文日記』に見える長衆は、証如に裁判権を委ね、あるいは、申し付けを受けている点から、宗主領主権ともいうべき秩序体系の中における在地側の主体者であったと言えるのではなかろうか。

では次に、年寄衆についてはどうであろうか。長衆との間に、何らかの違いが見出せるのかどうか、その点を、これも『天文日記』における記述をもとに確認していきたい[18]。

(1) 河内錯乱において退去していた出口坊(光善寺)・久宝寺の二カ寺の還住にあたって木沢と交渉したが、木沢が承引しなかった旨を、「年寄共」に伝え(天文七年二月六日条)、年寄らの合議の結果を、証如の側から木沢へ伝えるという方針が決定されている(天文七年二月八日条)。

(2) 顕如誕生の祝儀として、大坂寺内の西町年寄衆(十九人)と新屋敷年寄衆(八人)から、それぞれ五種十荷が証如のもとに届けられ、それに対して一人あたり二十疋ずつの礼金を送っている(天文十一年七月二十七日条)。翌年にも、清水町・北町・南町の年寄衆からそれぞれ、祝儀が送られている(天文十二年一月七日)。証如は彼らのことを「寺内衆」と呼んでおり、寺内の町共同体の代表者としての性格を窺わせる。

(3) 走井氏の子息誕生の報告が遊佐からなされた際、使者として本願寺にやってきた菱木孫左衛門なる人物がいるが、これを証如は「於二遊佐内一、三番メ之年寄云々」と記しており、この場合には、武家の家中における宿老といった意味合いで認識されている(天文十二年一月二十日)。

(4) 足利義晴の元服にあたっての音信において、使者としての「年寄」という文言が確認できるが、これも、先に述べた武家家中の宿老という意味であろう（天文十五年十二月二十一日条）。

(5)　大坂寺内北町より惣道場への証如の来訪を希望する旨が伝えられ、証如が女房衆を連れて赴いた。酒宴の席に証如は北町年寄二十余人を召出し、同席させている（天文十六年八月十日条）。

(6)　進藤氏が年寄成りをしたことの祝いとして、太刀・馬代を遣わしている（天文十七年七月二十七日条）。

(7)　顕如の帯解儀礼にあたり、一家衆と年寄が樽を献じている（天文二十年二月五日）。

(8)　盆の生御霊にあたり、年寄衆が亭における相伴に呼ばれている（天文二十年七月十一日・天文二十三年七月十一日）。

(9)　大坂寺内において借金の返済をめぐる相論が起こった。その相論に南町の者も同心し、大規模な争いになったため、証如が折檻を加えたのであるが、その際、証如は南町の年寄衆を召集し、事件の子細を聴取している（天文二十年十二月十四日）。

(10)　証如の全快を祝し、寺内六町が行った能楽の場で、各町の年寄に盃をとらせている（天文二十三年二月二十二日条）。

以上が、年寄に関する記述の概略であるが、ここからいくつかの特徴が指摘できよう。まず、ここに現れる年寄衆の大部分が、大坂寺内の各町共同体の代表者としての年寄として登場していること。また、一方で、若干ではあるが、武家の宿老についても、「年寄」という呼称が付されていることである。これは長の性格の不明瞭さとは対称的である。(1)の河内における問題においても、これは河内のそれぞれの寺内の年寄衆であると考えられる。『天文日記』において年寄衆と呼ばれる人々、とくに、武家の年寄を別にした場合には、彼らは寺内町共同体の代表者であったと読み解くことができるのではないだろうか。相伴に呼ばれるという点からすれば、加賀の長衆とて同様であるし、尼崎の大物長衆も同様である。しかしながら、ここに現れた年寄衆と呼ばれる人々は、長とは呼ばれないのである。寺内町を形成した地域、とくに本願寺との関係性の深い寺内を形成した場合に、この呼称が使用されるように思われるのである。とすれば、長と年寄の違いというものはいったい、どこに求められるのであろうか。いずれにせよ、在地の共同体における代表者の呼称であることに違いはないのであるから、一つには、地域あるいはその共同体における呼称の差異であると見るべきであろうし、また一歩進んで違いを見出すとすれば、本願寺と関係性の深い寺内共同体の代表を指す場合に年寄と呼ぶのであって、より本願寺の「町の論理」(19)に基づく秩序を吸収した共同体において「年寄」と呼ばれている可能性があるとみることができるのである。

第二節　天文年間黒江御坊相論における長の性格

先に、長の性格が不明瞭であると述べたが、実際に長衆がどのような役割を果たす集団であったのか、そのことを具体的に検討するために、ここでは、紀州黒江御坊をめぐる一連の相論を取り上げたい。

紀州における真宗は、蓮如以前から、主に仏光寺系教団の展開によって浸透していたが、本願寺八世・蓮如期に、仏光寺経豪（＝興正寺蓮秀）率いる集団が本願寺教団に包摂され、蓮如を中心とする教団編成がなされていった。その始まりは、冷水浦（現・和歌山県海南市冷水）の門徒了賢への法物下付であり、紀州門徒は冷水道場を中心に結集していたが、やがて、冷水よりも北に位置する黒江（現・和歌山県海南市黒江）へと拠点を移していった。ここで取り上げる事件は、その黒江坊の進退権をめぐる相論である。

天文五年（一五三六）前後、黒江坊をめぐって、与力衆と長衆との間で御坊進退権に関する相論が発生し、証如のもとに訴訟が持ち込まれた。以下、史料に拠りながら経過を確認しておこう。

【史料二】『天文日記』天文五年五月一日条

従㆓紀州黒江与力衆の中㆒訴訟候、其子細者、去年十八人ニ彼坊之儀馳走候へと申付候、其を愚身申出たる、於㆓其儀㆒者不㆑及㆓是非㆒候、彼十余人の衆一向すゑ〲の衆なども入候、又長衆なども候へども不㆑入候、為㆓如何㆒儀候哉、と上野方書状幷使七人のぼせ候て申候、

これによると、天文四年（一五三五）、証如が黒江坊の進退権を十八人の衆に任せた。ところが、その衆が、末々の者を御坊運営の人数に入れ、逆に長衆がいるにもかかわらず、彼らを運営に関わらせなかったということが問題となったのである[20]。

【史料三】『天文日記』天文五年五月七日条

三四日先ニ黒江坊与力衆之中より、去年十八人の衆ニ坊之事可㆑令㆓馳走㆒申付たる事ハ、うへより仰付られたる事候哉、然者不㆑及㆓是非㆒候。若又十八人の衆より申上ニ付而被㆓仰付㆒候事候哉。就㆑其御歎申上べきとの申事にて、惣中より使七人のぼり候ツ、其儀今日申候□十八人の衆先々十八人の衆馳走仕候へ共、前住御往生之後四五人ニ被㆓仰付㆒候間、如㆓先々㆒十八人ニ被㆓仰付㆒候

を可二忝存一候よし申候間、国へも相尋候。猶以堅御かためして申付たる事候か、為二如何一したる
申状ぞやと申候へは、(21)

二日後の七日には、黒江坊与力衆から、十八人衆に坊進退のことを命じたのは、「うへ（証如）」から命じられたことであるのか否かが問われており、証如が命じたことであるのならば是非には及ばないが、もしも十八人の衆が証如に依頼してこのような結果になったのであれば、納得のいかない旨が述べられている。これに対して証如は、前住（実如）亡き後、十八人に申し付けをしたことについて、受諾していたにもかかわらず、どうしてこのような申し事をするのかと困惑している。ここでは与力衆が訴訟の主体であり、同時に惣中の意思を代表していることから、この訴訟が、十八人衆と与力衆（惣中）の相論であったことが明らかとなる。

【史料四】『天文日記』天文五年十月十日条

紀州黒江方八十人斗、昨日のぼり、以前十八人の衆と惣中との由事未二相決一候間、其返事聞度由申候而、又今日文にのせてあげ候、此返事早速に聞度よし申候へ共、片一方之儀聞候てハ、難□（相）判候間、然者十八人の衆召上候而、双方之儀聞候て之儀候間、十八人の衆召上候ハんずる間、今少逗留候へ、双方相対して之事と申候へバ、申事にハ、一両日の粮米用意候てのぼり候間、迷惑に候へ共、今四五日令二逗留一候ハんずるよし申候、若召上候十八人の衆、（脱字アルカ）遅参各ハ可二罷下一候、然者惣中へ被二仰付一候へと申候、それも未二相決一候てハ申付間敷よし申出候、四五日と被レ申候へ共、上下之儀、又ハ用意などニ付ても、日数可レ行候間と、上野使申候とて候、(22)

惣中のこの問題に対する態度は非常に強いものであったことが史料四からもわかる。彼らは早期の

裁定を求めて、証如に返答を迫った。ところが、十八人衆が上坂して、証如の御前において双方の言い分を聞かないことには裁定し難いという理由で、今しばらくの逗留を指示したのである。それに対して、彼らは、四、五日ならば逗留するが、それでもなお十八人衆が上坂しない場合には、惣中へ進退権を渡すよう証如に求めた。その後の展開を示すのが、次の史料五である。

【史料五】『天文日記』天文五年十月廿日条

紀州十八人の内両人藤田助左衛門平窪源介上候間、自二先日一逗留候、黒江惣門徒衆のうち八十人斗の衆、対決させ候ハんと思候而、先両人ニ以二周防・能登一まへの件の儀共申候依有上野所行之儀と申候事如此候処に、更(早カ)〱十八人為レ成レ望儀之由申、丹後申付候折紙□(令)あげ候間、其通惣の衆へ上野をもて申候処ニ、此中状ちんはう(珍報)にて候、十八人の衆成レ望候儀徹所共候由申候間、則申候へと申候へバ、不レ及レ申□(成)レ望□(儀)などと申、徹所ゑ申さず候て、色々此方申事候間、聞分たる由申候間、就レ其ハ黒江坊之儀惣黒江衆へ預候、然者十八人之衆ニ相構而〱不レ可レ存二意恨一由堅申出□(候)処ニ忝由申候、又十八人之内両人にも不レ成二其望通一聞分候、坊之儀者黒江惣中へ可二馳走一申付候間、可レ成二其心得一又相構〱惣中へ不レ可レ存二意恨一由申候、其後天文三年の日記、座敷立候日記なども上候、又坊の借銭卅貫候つるをも、各の以レ志八貫文返弁候、相残而廿弐貫候をも、惣中へ申てと申候間申付候、是にて黒江の申事とも相果候也。(23)

五月に始まった訴訟は、この十月をもって決着をみることとなる。上坂を延引していた十八人衆のうち、藤田助左衛門・平窪源介両名がようやく上坂し、惣の衆と対決を行わせた。その際、藤田・平窪の側から出された申状について、惣の側はそれを「ちんはう(珍報)」であると批判、十八人衆が御坊を進退する根拠（徹所）を提示することを求めたが、その点について回答はなく、最終的に、黒江御坊の進退権は、惣衆へ渡されることとなったのである。この時、証如は、双方にけっして遺恨を残してはならない旨を言いつけており、その後、御坊の進退権をもつ者が保管するものであろうか、『天文三年の日記』『座敷立候日記』などを十八人衆から召し上げている。また、この相論をめぐっては借銭問題が絡んでいたようで、坊の借銭三十貫文のうち、志で八貫文を返済、残りの二十二貫文は惣中が肩代わりすることで決着した。

以上が黒江御坊をめぐる相論であったが、まず道場や坊の運営が、惣中と談合する中で行われていたことに注目する必要がある。ここでの惣中は惣門徒衆(24)という言葉が示すように、いわゆる在地村落共同体の惣ではなく、門徒団としての惣である。その門徒団の惣において、長衆と末々の者と呼ばれる人々が構成員としていたことになる。長衆と末々の関係、さらに、御坊名義での借銭における一部集団における運用の制限、惣中の干渉といった問題は、村落共同体としての惣と非常に類似した共同体規制のあり方である。この相論における長衆は、やはり年齢階梯に基づく村落惣の長衆と同じ性質をもつのであって、在地村落のそれと異なる点は、共同体の結合原理の違いという点にあるように思われる。

また、本願寺宗主の裁判権のあり方も無視することのできない問題である。証如のもとにはしばしば裁決を求めて相論が持ち込まれるが、それは寺内のみに止まらず、門徒という属性をもつ者が内部あるいは外部と相論になった時に、持ち込まれるのである。ただし、一般的な荘園領主のもとへ持ち込まれる裁判などと異なるのは、土地支配を媒介にした裁判権の領域ではないということであろう。

本願寺におけるそれは、土地支配よりもむしろ、信仰を媒介とする人的結合に基礎を置いていたのである。それはともかくとして、黒江の場合の長衆は、黒江門徒惣中のうち年齢階梯の高い人々を指すのであって、惣中の意思決定において、欠くべからざる存在だったのである。

第三節　戦国期雑賀門徒にみる年寄衆の性格

ここまで長をみてきたが、次に年寄について確認しておこう。第二節では『天文日記』を素材に、「長」が在地の年齢階梯秩序を基礎においた惣門徒の中の呼称であり、「年寄」というのは本願寺寺内、あるいは本願寺と密接な関係をもつ都市的な場を中心にその存在が確認できるということを明らかにした。ここでは、戦国期に紀州門徒団の拠点となった雑賀地域（現・和歌山県和歌山市）における年寄の性格を検討してみたい。

「年寄」という呼称が紀州門徒関係で確認されるのは、天正の石山戦争期が圧倒的に多い。雑賀年寄衆とは、いったいいかなる性格を有していたのであろうか。

【史料六】　慈敬寺証智等連署印判奉書

（印）

御和談之儀、就二相究一、様体為レ可レ被二仰聞一、先度被レ参候年寄衆、不レ残早速可レ被レ参由、被二仰付一兵・龍一、昨日雖二御差下候一、重而此仁被レ遣候、過急之事候条、此使者下着次第ニ、急可レ被二罷上一候、以之外御急之儀候間、乍二造作一、夜路にて候共、不レ移二日時一被レ参候、少も延引候てハ無二

其詮レ候、此等之趣、堅可レ申下レ之由、懇被レ仰出レ候、則被レ排二御印判一候、謹言、

（天正七年）十二月三日

常楽寺　証賢（花押）
顕証寺　証淳（花押）
教行寺　証誓（花押）
慈敬寺　証智（花押）

雑賀　年寄衆中(25)

この文書は、常楽寺証賢ら本願寺宗主一族の一家衆が、連署で出したものである。信長との和談のことについて、紀州に在国している年寄衆を召し寄せようとしている。非常に急ぎの内容であることが「夜路にて候共」などの文言からわかるが、和談に際し、重要な談合を行う者が年寄衆であったことがわかろう。次に、近世の史料ではあるが、『鷺森旧事記』(26)で確認しておこう。

【史料七】『鷺森旧事記』（貝塚御移住、付タリ、御真影之事）

天正八年四月十日、　御門主紀州鷺森へ御下向有之、松江源三太夫・平井孫市・岡了順・島本左衛門太夫・上口刑部左衛門・木本左近太郎・乾源内太夫・中島孫太郎・木本甚太夫・穂手五郎右衛門ナトイヘル雑賀百人之年寄中守護シ奉レハ、御門主モ安堵シ給ヘトモ、紀州ハ片国ニテ、諸国ノ参詣モタヨリ悪敷、殊ニ唯天下モ大方静謐ナレハ、秀吉公ヘ御願ヒアリテ、天正十一年七月ニ、泉州貝塚ヘ御移住ナリ、鷺森ハ近在之辻本三十六人寄テ、カハル〳〵常番シケル(27)、

これは天正八年（一五八〇）、石山戦争終結に際し、本願寺が大坂から紀州鷺森へ退去した際の様

子を描いたものであるが、ここに名前の見える松江源三太夫以下の人々が、雑賀年寄衆と呼ばれた集団である。彼らがいったいどのような性格をもつ人々であったのか、そのことを知る手がかりとなる史料がある。(28) 内容は、雑賀地域の門徒集団が、道場を基礎単位として本末ごとに書き上げられており、本願寺からの何らかの要請に対して「御請」したことを証判しているものである。なお、道場を基礎単位として書き上げ、それ以外には、地名、あるいは個人名のみで書き上げられている場合もある、一律ではないが、基本的には、手次であろうと思われる寺院ごとにまとめられている。紹介された段階では、この文書に「雑賀一向衆列名史料」という史料名称が付されていたが、門徒らが本願寺からの命を承諾している点や、名前が列挙されている形態的な問題から言えば、請文や交名・注進状といった内容のもので、「雑賀門徒交名注進状」といった名称のほうが適当であるように思われる。よってここでは「交名注進状」という名称を使用することにする。この交名注進状について、紹介者の武内善信氏は、天正八年の大坂退去をめぐって宗主顕如と新門教如の間に不和が起こった際、顕如側が雑賀門徒に忠誠を誓わせるために提出させたものであるとの見解を提示している。そこに名が記されている人々の構成は、石山戦争期の年寄衆と一致しており、状況的な点を含めて、武内氏の見解が妥当であると思われる。

　さて、この交名注進状は次のような形式で記載がなされている。

A　性応寺方

性応寺方御請之衆

平《ミナト》大夫道場（花押）　一人も不残御請、

右近《クキヌキ》大夫道場（花押）　一人も不残御請、

……

B　浄光寺方

浄光寺方御請之衆

岡　了順（花押）

与《太田》三左衛門道場（略押）　一人も不残御請、

左《黒田》衛門大夫道場（花押）　一人も不残御請、

……

平井大谷両道場　一人も不残御請、　孫一（花押）

……

C　真光寺方

真光寺方御請之衆

刑部《ヲクラ》大郎道場

……

D　方外れ

方はつれ御請之衆

浄法《ミナト》道場（花押）　門徒一人も不残御請

……

E　直参方

直参方　御請之衆
六日市刑部大夫（略押）　門徒一人も不残同前、
……
松江東西　一人も不残御請、源三太夫（花押）
……

このような記述から、天正年間の雑賀門徒が、主に五系統の本末関係によって組織されていたことが明らかとなる。この関係は、それぞれ道場（あるいは個人）を末端の基礎単位として、上寺等ごとに結集しており、「〇〇方」と呼ばれていたのである。

五系統とはすなわち、A性応寺、B浄光寺、C真光寺、D方はずれ、E直参の五つである。Aの性応寺、Cの真光寺はいずれも仏光寺系の地方大坊で、経豪とともに本願寺教団へ参入したものと思われる。雑賀地域ではとくに、この二カ寺が大部分の門末を下においていた。またDの方はずれは、とくにどの上寺にも属さない、あるいは、属していても他に同じ上寺に属する道場がない場合である。武内氏によれば、方はずれの中には、のちに、端坊末や天満定専坊末として確認できる道場があるということで、雑賀地域に門末の少ない上寺に属している集団であると言える。

Bの浄光寺は、和泉国嘉祥寺村にあった本願寺系寺院である。Fの直参は、上寺を介することなく、直接本願寺と直参関係を結ぶことのできた集団である。武内氏によれば、この史料には当該期に存在しているはずの道場がいくつか抜けていたりするので、すべての道場が網羅されているわけではないということであるが、それでも大部分の道場が記されていることは疑いない。ここに記されている道場数は八十六ある。これが先に挙げた『鷺森旧事記』に記されるところの「雑賀百人之年寄中」と呼ばれる人々の数と近いことに注意したい。というのも、『鷺森旧事記』が記した「雑賀百人年寄」とは、まさに、この道場を基礎単位として結集する人々のことを指している可能性があるからである。この想定が妥当であるとすれば、雑賀百人年寄は、道場主あるいは、それに近い、門徒の末端集団における指導者・代表者であったということになる(29)。

年寄衆集団の中で史料に最もよく登場するのが、鈴木（雑賀）孫一重秀・宮本（湊）平大夫高秀・嶋本（狐島）左衛門大夫吉次・松田（松江）源三大夫定久・岡了順・岡太郎次郎吉正の六名である。交名注進状で彼らの存在を確認すると次のとおりである。

鈴木孫一	平井・大谷両道場	○	浄光寺方
宮本平大夫	（湊）平大夫道場	○	性応寺方
嶋本左衛門大夫	（狐島）左衛門大夫道場	×	真光寺方
松田源三大夫	（松江）東西	○	直参方
岡了順	岡	○	浄光寺方

＊○と×はそれぞれ、○（請）・×（不請）を示す。

このうち、岡太郎次郎は了順の子息であるため、ここには了順のみが記されているのであろう。いずれにせよ、それぞれ、いずれかの上寺に属し、基本的性格は、道場主ないし、道場を単位に結集した門徒団の代表者であったことがわかる。基本的に、浄光寺・真光寺・性応寺・直参という四つのグループに分けることができるが、交名注進状において、彼らの名が記されている位置は必ずしも袖ないし奥ということはなく、他の道場の間に記されており、突出した特別的地位は確認できない。直参と上寺を介する者では、門徒内における身分にも違いが出るように思われるが、実際のところ、雑賀門徒で見た場合、そういったことはなく、むしろ、浄光寺方の岡了順のほうが重要な役割を果たしている場合などもある。つまり年寄相互の関係は、基本的にフラットなものであったと言うことができるのである。

ここまで、「年寄」の性格をいくつかの史料に拠りながらみてきたが、改めて「長」との関係について確認しておきたい。天文年間の「長」は、在地門徒団の中における有力者といった立場にある者を指して言う呼称であって、どちらかと言えば、在地の身分秩序と未分化な点が見られた。それに対して、同じ時期の「年寄衆」と呼ばれた人々は、大部分が大坂寺内を構成する町共同体の代表者を指す呼称であることが明らかになったと言える。ただし、必ずしもその両者に明確な区分をすることはできないのであって、むしろ、その時々における共同体の状況・慣行に左右される部分が多かったように思われるし、あるいは、時期的な問題であるようにも考えられる。あえて雑賀門徒の事例からの見通しを述べるならば、道場を基礎とし、上寺を介して（直参の場合もある）本願寺へとつながる共同体の代表者が年寄衆と呼ばれた可能性がある。つまり、長は在地性を非常に強くもつものであって、それに対して、本願寺によって保障される都市の論理によって形成された町共同体、もしくは、本願寺への宗教的結合によって形成された門徒共同体、こういったところにおいて意思を代表する者が「年寄」と呼ばれる場合が多いのである。

第四節　大坂退去をめぐる年寄衆――老若衆議

ここまで、年寄と長の比較検討を通して、年寄衆の性格をみてきた。ここからは天正八年（一五八〇）の大坂退去をめぐる雑賀年寄衆の動向に焦点をあて、その意思決定における特質についての考察を試みたい。

天正八年四月、顕如は大坂を退去することになるが、これに対して子息・教如が徹底抗戦を訴え親子の間で意見の分裂が起こった。大坂におけるこの状況は、地方教団にも混乱と動揺を与えた。とくに、大坂を背後から支え、門徒団の主戦力であった雑賀門徒においては、顕如に従う和平派と、教如を支持する抗戦派とに分裂するといった状況が発生している。先の交名注進状も、そうした分裂状況の中で出されたものであったというのは、すでに述べたとおりである。ここからは、同時期に出された宗主御書や奉書類を取り上げて、非常事態における年寄衆の動向について検討を行っていく。このことによって、雑賀門徒団における年寄衆の位置が明確になるものと思われる。

まずは天正年間、大坂退去までに年寄衆と教団の間で交わされた文書から代表的なものを掲出しよう。

表3から明らかなように、当然のことではあるが、この時期雑賀門徒に求められたのは軍役勤仕であり、その軍役を主導する立場にあったのが年寄衆であった。ここで、その意思決定をめぐる状況を史料で確認してみよう。

表3 天正年間雑賀年寄衆関連史料一覧（主要なもの）

年	月日	内容	差出	宛所	文書名	出典
天正五年（一五七七）	二月二十八日	至其表当時信長公及行之由……此表之儀如兼約、急度海陸令出張	（毛利）輝元	雑賀老中	毛利輝元書状写	覚円寺文書 和歌山市史四
天正七年（一五七九）	十二月三日	御和談之儀、就相究、様体為可被仰聞、先度被参候年寄衆、不残早速可被参由、被仰付	常楽寺証賢 顕証寺証淳 教行寺証誓 慈敬寺証智	雑賀年寄衆中	慈敬寺証智等連署状	蓮乗寺文書 和歌山市史四
天正八年（一五八〇）	三月三日	今度京都之御使衆へ奉対、末之者共致狼藉之儀、言語道断曲事存候、於年寄不存知之、千万迷惑仕候、	湊（宮本）平大夫高秀 岡太郎次郎吉正 松江（松田）源三大夫定久 狐島（嶋本）左衛門大夫吉次 鈴木孫一重秀	下間刑部法眼（頼廉）御房	雑賀年寄衆誓詞写	本願寺文書 和歌山市史四
	四月八日	向後弥可為御門跡様次第候、重而被仰事御座候者、国之儀者一統ニ御出船之御供申可被下候、	鈴木孫一 （乾）源内大夫 左近大夫 三郎次郎 六郎兵衛 孫二郎大夫 （湊）亀大夫 （岡）太郎次郎 （嶋本）左衛門大夫 （松田）源三大夫 （宮本）平大夫	刑部卿法眼御房（下間頼廉） 少進法橋御房（下間仲之） 按察法橋御房（下間頼龍）	雑賀年寄衆誓詞	本願寺文書 和歌山市史四

天正八年（一五八〇）	六月二十五日	老若令衆儀候間、何共其段不及了簡御事……若者共新門主様へ御請申上……老来之拙者一人之迷惑極申候、	岡了順	常楽寺（証賢）	岡了順書状	本願寺文書 和歌山市史四
	後三月十三日	老若ともにたのミ入候、猶左衛門大夫・太郎次郎可演説候、	教如	（岡）了順 （宮本）平大夫 （松田）源三大夫 （嶋本）左衛門大夫 （岡）太郎次郎 雑賀惣中	教如書状	本願寺文書 和歌山市史四
	閏三月二十日	爰元すてに火急之体候、以左衛門大夫・太郎次郎も候筋目、遅々候へハ大事候……然者一刻もいそき人数可差上候、老若たのミ入候、	教如	（岡）了順 （嶋本）左衛門大夫 （岡）太郎次郎 雑賀惣中	教如書状	本願寺文書 和歌山市史四
	閏三月二十八日	当寺退出之儀付而、無二之覚悟、誠ニたのもしく候、	顕如	（宮本）平太夫	顕如書状	善能寺文書 和歌山市史四
	閏三月二十八日	当寺退出之儀付而、無二之覚悟、誠ニたのもしく候、無二之覚悟誠ニ〳〵頼敷候、	顕如	（松田）源三大夫	顕如書状	万福寺文書 和歌山市史四 紀伊続風土記
	閏三月二十八日	急度早船をさし下候、爰許之儀、各参着を待入候之処、延引之条、今の分にては無程当寺可相破とおほへ候、	教如	（岡）了順 （嶋本）左衛門大夫 （岡）太郎次郎 雑賀惣門徒中	教如書状	尾張崇覚寺文書 和歌山市史四

【史料八】 教如書状

急度取向候、今度当寺信長と無事相と〻のおり、しかれハ、天下和談のすちに候ハ〻、連々入魂
候さい(西)国・東国一味に調られ、猶そのうへにても、当寺あんおんに候てこそ、無事にてハあるへ
き事候、結句当寺を彼方へ相わたし退出候ハ〻、表裏ハ眼前候、さやうに候ときハ、数代
聖人の御座ところを、かの物共の馬のひつめにけかしはてんこと、あまりに〱くちおしく歎入
候、さいか衆寺内の輩も、数年の籠城かた〱にくたひれ、すてにつ〻きかたき事もちろんなか
ら、なにとそ今一たひ可レ成ほと当寺あひか〻へ、　聖人の御座所にて可相果かくこにて候、然
ハ御門主にたゐし申、自余の私曲をかまへ申儀、ゆめ〱無レ之候、た〻ひとへに当寺無二退転一
仏法相続候やうにと、おもひたち候計候、各同心候ハ〻、仏法再興とありかたかるへく候、老若
ともにたのミ入候、猶左衛門大夫・太郎次郎可二演説一候、穴賢、

後三月十三日　　教如（花押）

了順
平大夫
源三大夫
左衛門大夫
太郎次郎
雑賀惣中(30)

講和にあたって教如が主張しているのは、天下和談の筋目であるから受け入れるべきことではあるが、大坂の地に本願寺が安穏でなければ受け入れ難いということで、最後の徹底抗戦を行うべく、雑賀門徒に動員を呼びかけている。最後の部分に、「猶左衛門大夫・太郎次郎可二演説一候」とあるように、この段階では、すでに坊官である下間氏らによる演説の形態を取ることができず、雑賀門徒の中で教如の方針に同意していた左衛門大夫と太郎次郎が演説を任せられているのである。交名注進状でも嶋本左衛門大夫と岡太郎次郎の二名は本願寺の命を請けておらず、教如の側にあったことは明らかであるが、ひとまずここでは、教如が「老若ともにたのミ入候」と述べている点に注目したい。雑賀門徒の最終意思決定は、老若の合意によって行われたのではなかろうか。では、その合意形成によっていかなる問題が老若の間に起こるのであろうか。そのことを次の史料で確認してみよう。

【史料九】岡了順書状

御直書畏拝見、忝存知候、仍先度召連御請申上衆之外、尚以廻心被レ在レ之様、一々被レ分　御事被二仰聞一候、左もなくハ、御本尊・御開山様・前住上人様御供申、早々可レ有二参上一之由、被二仰出一候、乍レ然、拙者儀、自二最前一無二可レ応二　御意一旨令二覚悟一候処、今更為二地下一右之了順仕様、御慈悲之仕様もかけ、度々歎敷通老若令二衆議一候間、何共其段不レ及二了簡一御事、千万迷惑仕候、数篇如二申上一、我等一身　御意次第と候ても無二其詮一候条、切々無レ緩催促事非二大形一候、併若者共、　新門主様へ御請申上、如レ此とやかくやと候て、老来之拙者一人之迷惑極中候、縦門徒中之儀いかやうニ候共、某事は湯にも水にも　御所様御掟次第可レ仕候、此等之趣被レ加二御分別一、預二御取合一、連々被レ分二　思召一、いか様御慈悲之程、奉レ仰計候、恐惶謹言、

六月廿五日　　　　岡
　　　　　　　　　了順（花押）

進上
　常楽寺殿
　参人々御中(31)

これは、年寄衆の一人、岡了順が、常楽寺証賢に自らの苦衷を訴えた書状である。先に子息の太郎次郎が教如を支持しているということは述べたが、それに対して父の了順が和平派として自らの立場を訴えているのである。ここで「御請」した衆とあるのは、おそらく交名注進状に受諾の証判を行った者たちであろう。了順の述べるところによれば、すでに顕如の意に応じる心づもりであったが、地下として老若衆議をたびたび行い、ここに至って結論が出ない状況であるという。了順はこの状況に苦慮していたようで、ひたすら顕如に従う自らの意思を表明しつつ、かかる問題が起こる原因を、「若者共」が新門主すなわち教如に「御請」し、とやかく行動を起こそうとするからであると考えている。このことから、雑賀門徒の中で、意思決定にあたっては「老若衆議」という方式が採られていたことがわかる。

先に掲げた史料八の教如書状における「老若ともにたのミ入候」という文言からも、「老若」が、雑賀門徒惣中の意思決定主体であったと言えよう。では、この「老若衆議」とはいったい、いかなる性格のものであったのか、そのことが問題になる。「老若」は当該期の村落自治とも密接に関係する概念である。たとえば、網野善彦氏(32)によれば、当時の自治機関たる「惣」の意思を代表する意味合いをもつものが「老若」であるとされており、それを受けた藤木久志氏は、(33)「老若」とは老者《おとな》と若衆《わかしゅう》のことであり、その両者が連署して文書を出すことは、老者・中老・若衆という各年齢集団の共同意思、つまり惣村全体の意思であることを表現するものであるとしている。

こうした見解を踏まえた上で、改めて雑賀年寄衆の場合を見てみると、雑賀年寄衆にもやはり、年齢階梯に基づく「老若」の意思決定慣行が存在している。天正八年(一五八〇)の大坂退去をめぐる問題では、和談にあたって本願寺に来た京都からの使者に対し、雑賀の「末之者」が乱暴を働くという事件も起こっている。これらは藤木久志氏が指摘するごとく、老と若の緊張関係が実際に起こった事例であると言えよう。そもそも、「老若」というのは当該期の村落における年齢階梯秩序である。これが自治制をもつ村落の意思決定主体として存在していたということであるならば、雑賀門徒における「老若衆議」も、そうした在地慣行の流れの上に理解されるべきであろう。門徒団における年寄衆の特質について、宗教的関係性において捉えるべきであると述べたが、しかし、それは完全に当該期社会と断絶したかたちで新しく生み出されたものと考えるよりは、すぐれて本願寺的な性格をもちつつも、意思決定などの場面では在地慣行に依拠するというのが、その実態であったのではなかろうか。そしてこの複合性こそが、本願寺門徒の特徴であった。

おわりに

以上述べてきたように、戦国期本願寺教団、とりわけ、在地における門徒団の構造は、当該期の社会構造と非常に強く結びついたものであった。「長」も「年寄」も在地の慣行・年齢階梯と連関をもちつつ発生したものであった。しかし重要なのは、とくに年寄に関しては、在地社会における有力者であると同時に、あくまで門徒年寄衆であったということである。本願寺教団を特殊性の枠組みの中に押し込めてしまうことは、厳に慎まなくてはならないのであるが、しかし、いわゆる国一揆や土一揆とは異なる原理をもっているのが一向一揆であり、本願寺教団の結集であったことは、ここまでの検討を通じて明らかであろう。雑賀門徒団の場合で言えば、雑賀年寄衆というのは、あくまで本願寺を中心にした宗教的秩序の中における身分呼称であった。もちろん、彼らは村落においても同時に長階層であったことは間違いないが、本願寺教団、あるいは一向一揆という共同体においては、宗教的秩序体系の中において、その立場が確定されるのである。この本質を理解することなくして、一向一揆と教団との関係や、一向一揆の戦国期社会への位置づけを、することはできないのではなかろうか。そして、その一方で、身分のあり方や意思決定にあたっては、在地で蓄積されてきた慣習法や慣行が強く影響していることも無視しえない問題である。当然と言えば当然のことであるが、当該期社会における諸条件に応じながら常に再構築されるのが、共同体であり、宗教である。その意味において、一向一揆および本願寺教団は、中世社会において形成された様々な共同体の帰結を示す一つの典型として位置づけることができよう。

　徳川政権の宗教性について言及する大桑斉氏[34]は、朝尾直弘氏の将軍権力論[35]、高木昭作氏の兵営国家論[36]などを踏まえた上で、中世から近世への転換期に展開した統一権力について次のような見解を提示した。すなわち、統一権力は、織田・豊臣政権期に百姓の勢力を軍事的に征服し、さらにその上につくられた徳川政権期に、百姓を国家体制に編成するために現世安穏・後生善処という民衆の宗教的願望を受け止めてきた仏教諸勢力を「囲い込」んだ上で、諸宗に超越する存在として将軍権力を形成していったというのである、そのことが、いわゆる徳川将軍神格化の問題につながるのであるが、そうした視点を継承するならば、本願寺教団・一向一揆の問題は、非常に重要な意味をもつことになる。軍事征服の上に近世社会を形成した統一権力が、その初発段階において十一年にわたる歳月を費やしたのが、ほかでもない石山戦争であったからである。次章では統一権力と対峙した一向一揆の複合性と、その背景について、検討を行おう。

註

（1）たとえば、入間田宣夫「中世国家と一揆」（同『百姓申状と起請文の世界』Ⅲ部七章、東京大学出版会、一九八六年、初出一九八一年）など。
（2）鈴木良一「戦国の争乱」（岩波講座『日本歴史八　中世四』、一九六三年）
（3）金龍静「宗教一揆論」（同『一向一揆論』、吉川弘文館、二〇〇三年、初出一九九四年）、同「戦国期一向宗教団の構造」（同『一向一揆論』、吉川弘文館、二〇〇三年、初出一九九五年）、同『蓮如』（吉川弘文館、一九九七年）など。
（4）神田千里『一向一揆と戦国社会』（吉川弘文館、一九九八年）。
（5）金龍静『一向一揆論』（吉川弘文館、二〇〇三年）。
（6）この問題点、あるいは著者の関心については、拙稿「書評　金龍静著『一向一揆論』」（『日本史研究』五二六号、二〇〇六年）を参照されたい。
（7）金龍静「卅日番衆考」（『名古屋大学日本史論集』上、吉川弘文館、一九七五年）。

（8）早島有毅「戦国期本願寺における『頭』考――勤仕の性格と問題状況――」（『眞宗研究』二六輯、一九八二年）。
（9）草野顕之「戦国期本願寺坊主衆組織の一形態――『定衆』『常住衆』の位置――」（『中世仏教と真宗』、吉川弘文館、一九八五年）。なお、草野氏の研究は、この論文も含めて一書にまとめられた。草野顕之『戦国期本願寺教団の研究』（法藏館、二〇〇四年）。
（10）青木馨「本尊・影像論」（『真宗史論叢』、永田文昌堂、一九九三年）。
（11）安藤弥「戦国期本願寺『報恩講』をめぐって――『門跡成』前後の『教団』――」（『眞宗研究』四六輯、二〇〇二年）。
（12）青木忠夫「元亀天正期本願寺下付物の礼金に関する一考察」（『佛教史學研究』四四巻一号、二〇〇二年）。
（13）大澤研一・仁木宏編『寺内町の研究』全三巻（法藏館、一九九八年）。
（14）国人一揆や、惣国一揆といったものと、一向一揆の差異に注目した研究は様々あるが、それらにおいても十分な答えは出されていない。たとえば、藤木久志「一向一揆論」（同『戦国史をみる目』、校倉書房、一九九五年、初出一九八五年）における一向一揆の複合性についての言及など。
（15）『栄玄聞書』（『蓮如とその教団』〈真宗史料集成二巻、同朋舎、二〇〇三年、初版一九七七年〉）。
（16）薗部寿樹『日本中世村落内身分の研究』（校倉書房、二〇〇二年）。
（17）『一向一揆』（真宗史料集成三巻、同朋舎、一九七九年）。
（18）ここで取り上げたものは、いずれも『天文日記』（『一向一揆』〈真宗史料集成三巻、同朋舎、二〇〇三年、初版一九七九年〉）である。
（19）この「町の論理」については、仁木宏氏が「寺の論理」との相克といった視点から都市論へとつなげる研究を展開しており、本願寺が創出した「町の論理」に基づいて寺内町が形成されていったことが実証されている。仁木宏『空間・公・共同体　中世都市から近世都市へ』Ⅳ章（青木書店、一九九七年）。
（20）『天文日記』天文五年五月一日条（『一向一揆』〈真宗史料集成三巻、同朋舎、二〇〇三年、初版一九七九年〉）。
（21）同前、天文五年五月七日条。

（22）同前、天文五年十月十日条。
（23）同前、天文五年十月廿日条。
（24）同前、天文五年五月二十三日条に、「紀州黒江十八人惣門徒衆より使ニのぼり候人々の中、訴訟状上候、」とある。
（25）年未詳十二月三日付慈敬寺証智等連署印判奉書（井坂蓮乗寺文書『和歌山市史』第四巻、戦国二―四一一号）。
（26）『鷺森旧事記』は、西本願寺の学僧であった雲晴堂宗意が記したものである。彼は西本願寺学林の第二代能化・知空の弟であり、紀州鷺森御坊の輪番を勤めたこともある。ちなみに、兄・知空は近世初期の異安心問題の解決にあたった人物で、本願寺の正当性論を様々なところで展開している。『鷺森旧事記』も、そうした流れの中で本願寺正当史観に基づく叙述であり、執筆意図などについては十分検討しておかねばならないが、ここでは、年寄と呼ばれた人々がどのような構成であったのかを知るために、あえて、史料として掲げた。ちなみに、『鷺森旧事記』の詳細なテクスト検討は、別の機会に著者自身、検討したことがあるので、そちらを参照されたい。拙稿「近世初期における真宗教団土着の論理――『鷺森旧事記』の叙述――」（大桑斉編『論集　仏教土着』、法藏館、二〇〇三年）。
（27）『鷺森旧事記』（『大日本仏教全書』六九巻、史伝部八）。
（28）武内善信「雑賀一向衆列名史料について」（『本願寺史料研究所報』二五号、二〇〇〇年）。
（29）なお、武内氏はその後、近世の地誌類なども援用しつつ、さらに詳細な検討を加え、門徒団の組織と、地縁的結合原理に基づく惣国とが違う組織体であることを指摘している。武内善信「雑賀一揆と雑賀一向一揆」（大阪真宗史研究会編『真宗教団の構造と地域社会』、清文堂出版、二〇〇五年）。また、おそらく、戦国期の門徒団の構成をこれほど克明に伝えるものはないと思われ、この史料自体の検討も非常に重要な課題である。
（30）（天正八年）後三月十三日付教如書状（本願寺文書、『和歌山市史』第四巻、戦国二―四二三号）。
（31）（天正八年）六月廿五日付岡了順書状（本願寺文書、『和歌山市史』第四巻、戦国二―四五三号）。なお市史には若干の誤読があるため、写真にて校訂した部分がある。
（32）網野善彦「自治都市」「一揆と惣」（同『増補　無縁・公界・楽――日本中世の自由と平和――』、平凡社、一九九六年）。
(33) 藤木久志「村の若衆と老若」（同『戦国の作法――村の紛争解決――』、平凡社、一九八七年）。
(34) 大桑斉「徳川将軍権力と宗教――王権神話の創出――」（網野善彦他編『宗教と権威』〈岩波講座「天皇と王権を考える」四巻、二〇〇二年〉）。
(35) 朝尾直弘『将軍権力の創出』（岩波書店、一九九四年）。
(36) 高木昭作『将軍権力と天皇』（青木書店、二〇〇三年）。なお、ヘルマン・オームスの兵営国家論なども、前提としての議論である。ヘルマン・オームス著・黒住真訳『徳川イデオロギー』（ぺりかん社、一九九〇年）。

補論 「石山戦争」概念について

尾張の守護大名から出発した織田信長は、足利義昭を将軍に擁立する名目で上京して以後、室町将軍権力を推戴しつつも、それを超越する存在になることを目指した。その信長が、元亀元年（一五七〇）から天正八年（一五八〇）の足かけ十一年にわたり戦わなければならなかったのが、大坂本願寺を中心とする一向一揆および、諸大名の連合であった。藤木久志氏をして織田政権の総過程をなしたと言わしめた十一年間を、(1)どのように呼べばよいのであろうか。この問題は、一向一揆研究にとって、あるいは戦国期研究にとって、重要な問題であるにもかかわらず、十分に吟味がなされてこなかった。

一向一揆が研究の対象とされるようになってから、長く「石山戦争」「石山合戦」といった用語が使用されていた。そもそも、石山という言葉は、近世の伝記・軍記類に現れる文言であった。(2)この言葉をそのまま研究上の呼称としても使用していたのであるが、とくに服部之総氏が、これに農民闘争であるといった意味を込めてからは、石山戦争と呼ばれるようにもなった。(3)

そうした呼称が定着していたところに、吉井克信氏によって、同時期には「石山」という呼称が史料に全くなく、「大坂」しか出てこないという事実が明らかにされたため、(4)「石山」という用語を使うことに、多くの研究者が躊躇を覚えるようになった。そこから、著者自身も、「大坂本願寺戦争」と呼んだことがある。(5)というのも、「大坂本願寺」は、当該期の文言で確認できる史料上の語だからである。そして、百姓対侍身分の戦いという朝尾氏の議論を前提において、意図的に戦争と呼ぶことにしたのであるが、本書を執筆する段階になって、はたしてそれが妥当であるか否か、疑問に思うようになった。そこで、改めてその問題を検討した上で、用語の確定をしておきたい。

「大坂本願寺戦争」という呼称を使うことに批判的である金龍静氏は、石山という地名が確認されないからといって安易に大坂本願寺戦争と言い換えるのではなく、やはり、「石山戦争」という表現を用いるべきであると主張する。(6) 金龍氏の主張は、次の点にある。まず、元亀・天正期の主戦場が大坂本願寺ばかりではないことである。氏は、たとえば第一次世界大戦や第二次世界大戦などの例を引きながら、戦争の名称が、のちに振り返り、歴史的に位置づける際に初めて概念呼称が登場し定着するものであり、石山合戦あるいは石山戦争と呼ばれてきたものも、歴史的呼称として扱うべきであるとする。次に、戦争という言葉について、元亀・天正年間の戦いが、「信長権力によって形づくられようとしている新たな時代の枠組みに、新たな仏法の枠組みを掲げて挑戦し対抗せんとする、異質な思考の人々の間で戦われた「戦争」だった」として、戦争という呼称を用いるべきであるとする。

たしかに、金龍氏の主張するとおり、「石山合戦（戦争）」という呼称は、すでに歴史用語として定着しており、当該期に石山という言葉が存在しなかったから大坂本願寺と表現するというのは短絡的であるように思われる。この点は著者自身、不用意であったことを認めざるをえない。たとえば、近世に語られる際に「石山」という言葉が一つの物語の表象であったことを考えれば、やはり「石山」呼称は継続して使うべきであると考える。

そこで次には、「合戦」か「戦争」かということになる。金龍氏の主張の第二点目では、十分な説明にはならいない。「合戦」と「戦争」の違いが明らかにされていないからである。はたしてそれがあるのかどうか、そのことから問題にしなくてはならない。戦争という概念を使用するにあたって十分な吟味がなされなければ、現代的意味での「戦争」との区分がつけられなくなってしまうからである。「戦争」という言葉は明らかに近代的な概念である。これが、はたして古代・中世・近世の段階の戦いに適用できるかどうか、という問題がある。戦争という言葉を前近代に適用するとしても、近代国民国家が行う「戦争」と同一のレベルで語ることは避けなければならない。それゆえに、たとえ「戦争」という言葉で表現するにしても、近代国民国家が行う「戦争」とは明確に分ける必要がある。多木浩二氏は、近代国民国家と「戦争」との関係について次のように述べる。

> 整備された近代国民国家とは、平時から「暴力」（常備軍）／「非戦闘員としての国民」（いつでも兵士になる）／「経済」（生産、国債その他）の複雑な組み合わせにほかならないのだ。近代国家は、いつでも戦争できるように油をさし、磨きをかけられていたのである。これを「戦争機械」と呼んでもよかろう。[7]

つまり、多木氏によれば、近代国民国家は「戦争」を前提にした国家であるということになる。その中では、政治もすでに「戦争」を前提とするものであるという。そういう意味での「戦争」という概念が、元亀・天正期の一向一揆と信長＝統一権力の対決に適用できないことは明らかである。

では「合戦」という概念はどうであろうか。「合戦」という言葉は史料上にも現れるし、現実に「石山合戦」という言葉もある。これが、おそらく前近代の日本（列島社会）における戦いを表現するには最も適しているのであろう。しかし、「合戦」という言葉には、どのような性質があるのであろうか。「合戦」には、源平合戦、一ノ谷の合戦、長篠の合戦、小牧長久手の合戦、関ヶ原の合戦といったものがある。いわゆる「合戦」とは、武士同士、あるいは権力体として同質の者同士の戦いを指す場合が多いのではないだろうか。ところが、一向一揆に関しては、事情が異なる。彼らは領土を争おうとしているわけでもなく、また権力をかけて戦っているわけでもない。かつて朝尾直弘氏は、信長の権力抗争上の課題として、「本願寺と一向宗のイデオロギーの克服をいかに具体化するかという点にあった」とし、「軍事的な勝利にとどまる限り政治はない。一向一揆を殲滅したあと、それに代わるイデオロギー、理念が提起されないでは、新しい国家は樹立され得ない」と指摘している[8]。つまり、信長と一向一揆の戦いには、軍事的な征服・勝利では済まない問題が含まれているのである。それこそが、イデオロギーの問題につながる。朝尾氏は、このイデオロギー克服の方向性として、信長の神格化や公儀への展開を検討するのであるが、元亀・天正の一向一揆は、まさにそのようなイデオロギー闘争の場であったと言えよう。そうした問題を、「合戦」という言葉で一括することには、やはり違和感がある。必ずしも、こうした定義が正確であると言えないが、本書においては、イデオロギー闘争に本質を見たうえで、他の領土紛争、政治的な戦いとしての合戦や乱とは異なる意味を込めて、「戦争」と表現することにしたい。

註

（1）藤木久志「織田政権の成立」（同『戦国大名の権力構造』第Ⅱ部一章、吉川弘文館、一九八七年、初出一九七五年）。

（2）「石山」は、たとえば、『石山軍艦』『石山軍記』『石山退去録』など、近世の伝記に現れる言葉である。
（3）服部之総『蓮如』（新地書房、一九四八年）など。この点については、金龍静氏の著書『一向一揆論』に詳しい。
（4）吉井克信「戦国・中近世移行期における大坂本願寺の呼称――「石山」表現をめぐって――」（大澤研一・仁木宏編『地域の中の寺内町』〈寺内町の研究三巻、法藏館、一九九八年、初出一九九六年〉）。
（5）拙稿「大坂本願寺戦争と海の地域社会」（大阪真宗史研究会編『真宗教団の構造と地域社会』、清文堂出版、二〇〇五年）。
（6）金龍静『一向一揆論』第一章第二節（吉川弘文館、二〇〇四年）。
（7）多木浩二『戦争論』一三頁（岩波書店、一九九九年）。
（8）朝尾直弘「将軍権力の創出」（同『将軍権力の創出』第Ⅰ章、岩波書店、一九九四年、初出一九七一～七四年）。

第五章　石山戦争と海の地域社会

はじめに

第四章では、本願寺・一向一揆の中でもとりわけ最大の規模であった石山戦争期の門徒団において「年寄衆」と呼ばれた人々の性格を、雑賀門徒の事例で検討した。そこで明らかになったことは、在地慣行と本願寺的宗教秩序との二つが重なり合いながら形成された宗教的共同体内での身分呼称が、「年寄衆」であったということである。しかしながら、そうした在地における門徒団の構造が明らかになったからといって、それがただちに、第三章の終わりに述べた、統一権力と一向一揆の関係を論じることにはならない。そこで、本章では、先にみたように門徒が十一年にわたって戦い続けたことの意味を、統一権力と一向一揆の論理の相克という点から再検討してみたい。

一向一揆の評価は、長らく民衆闘争史の観点から評価され、中世から近世への転換点を示すメルクマールとして重視されてきた[1]。しかし、近年では、藤木久志氏の一向一揆根切り論に対する批判的検討がなされ[2]、神田千里氏[3]や石田晴男氏[4]によって、室町幕府体制や当該期政治状況の中に本願寺を位置づけられ、寺家権門として武家・公家と相互依存的に存在していたとする見解が提示されており、これまでのように簡単に一向一揆＝民衆闘争といった見方はできなくなってきている。いずれも、十分な実証を踏まえず、農民闘争・権力との徹底対立といった大前提に基づいて行われてきた研究に対する批判と反省に立つものであり、この点はたしかに考慮すべき点である。

また、宗教史の側面からは、金龍静氏が、一向一揆の本質を「宗教一揆」と捉え、大坂本願寺をめぐる十一年戦争（いわゆる「石山合戦」、「石山戦争」であるが、以下、本書では「石山戦争」とする）が、宗教戦争であったとする論点を打ち出しており、[5] 都市論の立場では、仁木宏氏が「寺の論理」と「町の論理」を有する本願寺という視座から、信長と一向一揆の対決の根本に都市特権をめぐる相克があったことを指摘している。[6] これらの研究はそれぞれの論点が明確であり、厳しく対立する部分がある。このような状況にあって、もはや、かつてのように一向一揆を簡単に論じることは困難になっている。石田論や神田論は、これまでの、反体制・反権力の一揆、という通説によって捨象されてきた国家の社会関係の中に本願寺を置くことで、本願寺特殊論の轍を越えることを意図したものと評価できようし、金龍論は、いわゆる国一揆などの世俗的一揆と一向一揆を峻別することによって一向一揆の宗教性を明らかにした上で、統一権力、とくに織田信長との対立の理由にまで言及している点で評価できる。しかし、これらの研究状況は、けっして一向一揆と統一権力との関係を本質的に解き明かすものではない。一向一揆の評価は、本書の「序章」でも述べたように、非常に重要な問題である。

こうした研究状況を踏まえた上で、本章では以下の視点に基づいて一向一揆評価の再検討に取り組みたい。まず第一に、石山戦争が統一権力、とりわけ信長にとって、最大の難関であったとみる視点を継承し再評価する。[7] この十一年にわたる戦争がなければ近世統一国家への道が開かれなかったとみることは、けっして過大評価ではないと考えるからである。石山戦争をいかに評価するのかを無視して、中世から近世への転換、もしくは移行という問題を議論することはできないのである。次に、この戦争が統一権力（武士集団）対一揆という両者の戦争であったことを重視する。なぜ一向一揆は一揆の形態をとったのか。この、一揆という結集原理にも、石山戦争を解く手がかりがあると思われる。かかる問題関心に基づいて、十一年にわたる石山戦争の意味を中世社会の中において考えるのが、本章の目的である。具体的には、第三章でも取り上げた雑賀門徒がどのような行動を行ったのかについて明らかにすること、そして在地が創出した「公」の上に成立した地域社会という視座から石山戦争の背景にあった地域秩序を考察すること、この二点を明らかにしていこう。

第一節　天正年間の本願寺と一揆体制

1　雑賀門徒と大名・国人

石山戦争の際、門徒の中心的な軍事力が雑賀門徒であったことは、従来よく指摘されているところであるが、(8)その実態については、意外に不明な点が多いというのが実際のところである。それは、これまでに知られていた雑賀門徒に関する史料が、主に本願寺との間、あるいは織田信長などとの間に交わした書状類がほとんどであったということもあって、彼らの鉄砲や、舟艇の機動力といった点以外は、具体的な立場・役割について不明なままであった。しかし、近年紹介された史料には、(9)雑賀門徒が、他の国人や戦国大名と関係を結んでいたことを示す内容があり、雑賀門徒が、大名・国人らとの相互関係の中で行動していたことがわかるようになってきた。その内容は、甲斐武田家の家臣と年寄衆の間に交わされた書状、阿波国人の篠原氏と年寄衆との間に交わされた起請文などである。以下、戦国期の本願寺をめぐる門徒と大名・国人の関係を検討していきたい。

【史料一】　雑賀年寄衆連署書状写

為二御使一大坂□(御カ)上之処、于レ今御逗留不レ及二是非一、仍今度於二三州一、信長・家康与数度被レ及二一戦一之処、毎篇被レ得二大利一段、尤珍重令レ存候、随而当年計策儀、聊無二其由(油)断一候、既三好山城、信長かた一味、河州表過半属二彼手一候、雖レ然阿州・淡州之儀、連々自レ是依二申調一、三山へ無二許容一、対二大坂一無二別儀一候、其上　公儀大坂　御動座、五幾(畿)内之士卒、此刻可レ抽二忠切(節)一催専ニ候、所詮国事、弥無二御由(油)断一、諸方御調略等、可レ被二差急一候、将又山三兵以二取次一申入候、連綿御存知之旨、可レ有二演説一候、尚追々可レ得二御意一候、恐惶謹言、

七月十日

(島本左衛門大夫)吉次
(松田源三大夫)定久
(宮本平大夫)高秀
(岡)了順

八重森因幡守(家昌カ)殿
まいる人々御中(10)

これは、雑賀門徒の年寄衆である島本左衛門大夫吉次、松田源三大夫定久、宮本平大夫高秀、岡了

順の四名が連署し、大坂に逗留していた八重森因幡守に宛てて出した書状の写しである。八重森氏は、この史料を紹介した武内善信氏も指摘するとおり、甲斐武田氏の家臣である[11]。彼は甲斐長延寺に仕えていたとされる。この長延寺は武田氏と所縁の深い寺で、もともとは天台宗の寺院として、鎌倉常葉にあった寺であるが、親鸞の東国布教に際し真宗に改宗、天文年中の住持実了が関東管領上杉氏の一族であったため、のち北条氏と対立、武田氏を頼り甲州に寺基を移したのだという。実了は、武田信玄の御伽衆から武田家使僧となり、勝頼の側近も務めた人物である。信玄は、長延寺の第二世として自らの子息・武田龍宝（海野信親）を入寺させるほどで、非常に武田家と親密な関係にあったと言える[12]。また長延寺は真宗寺院として、すでに天文年間には斎の相伴をしていることなどが、『天文日記』から確認できるのであって、本願寺にとっても、重要な役割を果たす寺院であった[13]。八重森氏自身、信玄の時期より使者を務めていたようで、法性院すなわち信玄宛の書状案文に、八重森因幡守の名が確認される[14]。

この文書自体の内容は、三河表における武田氏の織田・徳川連合勢力との戦闘における勝利を祝したもので、「計策」をもってこれからも油断なく対織田の連合体制を維持していくことを確認している。河内高屋の三好山城守（康長・笑岩）が織田方に降服し、河内の大半は織田方に属しているが、阿波・淡路に関しては、常々雑賀より申し調えを行っているため、三好康長に対して許容なく、大坂に対して別儀なく治まっているとの状況を伝えている。さらに、公儀（足利義昭）の大坂動座によって、五畿内の兵卒が忠節を抽んでることを述べた上で、東国も油断のないよう、諸方の調略を急ぐよう要請しているものである。時期的な問題を考えると、三河表における一連の戦闘が行われるのが、天正三年（一五七五）五月の長篠の戦い前後である。また、河内高屋城に取り籠っていた三好康長が信長に攻められて降服するのが、同じく天正三年四月八日。足利義昭の大坂動座をどう読むかによって変わるが、おそらく、和泉堺から京都への上洛ということであろうから、このように、対信長権力と諸勢力との戦いの最中に出された文書である。戦闘体制下にあって、こうした文書は軍事上の機密書類であるが、これを出しているのが雑賀年寄衆であったということは、注目するべき事実であろう。東国の戦国大名武田氏と紀州の門徒が、直接的に軍事的な調略についての談合を行っているのである。もちろん、年寄衆が直接、武田家当主に出すのではなく、あくまで使者に出しているのであるが、内容自体は、本来、本願寺宗主や坊官の下間氏の名義で出すべきものであると言えよう。こうした、日常的な身分秩序、文書発給の順序を越えた文書のやりとりのあり方は、まさに一揆の特徴的な形態である。階層も属する集団も違う者同士が、主従制の縦の関係を超えて対等に交渉を行い合力する体制は、原理的には一揆の体制である。

武田氏と本願寺との間には、天文年間から音信が行われており、本願寺を戦国大名と同様の権力、あるいは軍事力をもつ寺家権門とみるならば、そうした関係があっても当然であると言うこともできよう。しかし、やはりこのような文書の主体が門徒であるという点は、見過ごすことのできない問題である。教団内身分秩序から考えれば、彼らはあくまで門徒である。たとえ、直参身分であろうと、在地の門徒団においては、せいぜい道場主、あるいは、門徒団の代表者でしかない。そのような者たちが、武田氏と直接交渉を行っているのである。本来、立場を異にする百姓と武家が、対等の立場で軍事態勢を敷くという状況は、再三述べるごとく、一揆体制そのものである。つまり、この事例は、当該期における雑賀門徒の教団内での役割の重要性を示すと同時に、こうした体勢の本質が、本願寺、あるいは本願寺宗主のもと、門徒と武家の間に結ばれた一揆であったということを示している。土一揆や国一揆というものは、それまでもあったが、石山戦争期の一向一揆は、空間的広がりや身分間の横断という点において、全く規模の違うものであった。このことは、たとえば、朝尾直弘氏が論じた百姓の権門化といった理解とも併せて考える必要があろう(15)。

また史料からは、雑賀門徒が、阿波・淡路方面の調略に主体性をもって行動するという、阿・淡という海を隔てた地域における活動も読み取れる。ここに、畿内近国のみに止まらず、本願寺を結び目として、一方は東国、一方は海を隔てた西国といったかたちで、列島社会の東西にわたって展開する門徒と守護・国人らの一揆体制の存在が浮かび上がってくるのである。

2　阿波・淡路における雑賀門徒の展開と篠原氏

では、前掲の史料にあった「調略」とは具体的にいかなる内容をもつものであったのか。この調略こそが、阿波・淡路という海を隔てた地域の必ずしも門徒に限らない諸勢力を石山戦争へと結びつけたものであったと考えられるので、検討を加えてみたい。次に掲げるのは、その阿波・淡路における調略の内容を示す二通の史料である。

【史料二】　篠原政盛等連署起請文

　敬白天罰起請文之事

右之意趣者、今度松満(篠原)身上之儀、各以㆓御馳走㆒御門跡様へ被㆓申上㆒、無㆓御別儀㆒被㆓仰合㆒候段、畏存候、然上者、阿州・淡州調略之事、松満并同名其外家中、以二談合一一書申候、調以下之事、具本願寺殿様申上候、然者其庄御門徒中之儀も是以同前候、左候者、向後何方より武略候共、大坂并雑賀儀を相背許容仕間敷候、若此旨於二偽申一者、日本国中大小神祇・八幡大菩薩・春日大明神・天満大自在天神・殊氏之神、可レ罷二蒙各御罸一者也、仍起請文、如レ件、

天正三年
六月十七日

篠原久兵衛尉
政安（花押）
篠原越前守
政秀（花押）
庄右近丞
村継（花押）
篠原因幡守
家盛（花押）
篠原三河守
政盛（花押）

嶋本左衛門大夫殿
湊河平大夫殿
松田源三大夫殿
岡崎了順公
雑賀両郷
百人御書立衆中(16)

【史料三】篠原松満書状（折紙）

今度各御上候儀候条、可レ為二御同道一相待候処ニ、御煩ニ付而、無二其義一不レ及二是非一候、然者、身上之義、兼而以二申合候筋目一、大坂へ罷越候、弥御国へ身上任置候間、尚以御馳走可レ為二本望一候、委曲各可二申入一候、恐々謹言、

八月廿七日　篠原杢満
　岡崎了順御房
　　御宿所[17]

史料二・三において、雑賀年寄衆に起請文や書状を送っている篠原氏は、阿波を本拠に、阿波三好氏の有力被官として行動を行っていた国人である。この国人との関係は、『私心記』の永禄二年（一五五九）六月八日条の「富田息女《教行寺実誓》、阿波篠原所へヨメ入也、悉皆是ヨリサセラレ候、福島マテ御送候、屋クラへ行見物候」という記事や、『本願寺系図』に兼詮（教行寺実誓）の第四子にあたる娘の部分に「篠原右京進妻」とあることなどから[18]、宗主一族である実誓の娘が、篠原右京進《長房》のもとへ嫁いでいたことがわかる。教行寺実誓は本願寺八世・蓮如の孫であり、この婚姻によって、篠原氏は本願寺宗主一族と縁戚関係を結んだのである。

また、篠原氏の本拠である阿波も本願寺が深く関係している地であった。阿波公方と呼ばれた足利義維との音信が、天文年間から確認できる。

【史料四】『天文日記』天文二十年四月一日条
従二四国室町殿《足利義維》一、以二御内書一両使荒川・斎藤也、若公《足利義栄》元服料可二馳走一由、□□《被申カ》出候、慶寿院へも御内書・御妾之御文来[19]、

史料四では、天文二十年（一五五一）四月には、義維がその子息である義栄の元服費用を、証如に要求している。この点においては、たしかに、神田氏や石田氏が指摘するような、武家との音信関係

が存在していたことになろう。[20]とくに、阿波三好家の重臣であった篠原長房との縁戚関係は、本願寺の社会的位置と、その権門としての性格を規定するための重要な問題である。

篠原長房は、足利義栄を京都へ入れるため、永禄・元亀年間に、たびたび大坂表に出張しているが、そのような中で、顕如は長房に文書を送っている。

【史料五】顕如書状案

態染二一翰一候、仍今度渡海事早速有二同心一、既至二淡州一着岸之由、欣悦不レ可レ過レ之候、弥以被二相急一此表着陣之儀所レ希候、猶頼総法印可レ有二申越一候条、不レ及レ詳候也、

（元亀元年カ）九月十九日　――御判

篠原右京進殿（長房）[21]

【史料六】顕如書状案

鳥

今度渡海之義、――随而誓紙到来――従レ是頼総法印誓詞申付之候、光佐同前之事候、猶教行寺可レ有二演説一候也、

（元亀元年カ）十月一日　――御判あり

篠原右京進入道殿（長房）[22]

いずれも、元亀元年（一五七〇）と推定される文書の案文である。元亀元年は、年初より足利義昭と織田信長の間に不和が起こっており、七月には、三好三人衆が阿波から摂津に進出している。八月には、信長・奉公衆・足利義昭らが摂津天王寺に出陣、九月には天満に在陣していた信長を本願寺が

襲撃している。この文書が発給されたのは、まさにこのような状況下のことであった。篠原長房の軍事行動は、阿波三好氏の動向の中でのものであり、そこに本願寺が関わるという複雑な状況にあった。史料五は、信長勢力が大坂本願寺の目前に出陣している最中に、顕如が阿波に援軍を求めたもので、それに対して行動を起こしていることを示しており、史料六では、起請文も交わし合っていたことがわかる。ちなみに、史料六で、教行寺が演説を任ぜられており、宗主家および篠原家と縁戚関係にある教行寺が使者の任にあたったのである。こうして、石山戦争をめぐる対信長体制は、確実に形成されていた。

篠原氏との関係が、以上のような点から明確になったところで、改めて史料二・三の問題に戻ろう。史料二・三は、阿波三好氏の被官であり、本願寺宗主家と縁戚関係にあった篠原長房の一族が出した文書である。この長房には、五人の子どもがいた。第一子は大和守長重といい、のちに父長房とともに討死している。第二子から五子までの四名が、教行寺実誓の娘との間に儲けられた子どもである。第二子は右京進（幼名は松光あるいは松岩）、第三子は梅松、第四子が吉松、第五子が小法師で、この第二子松光が、史料二・三に現れた松満であろう。武内氏がすでに詳述しているところではあるが、今一度、この文書が出されるに至るまでの、篠原氏をめぐる状況を確認しておこう。

篠原長房は、天正元年（一五七三）、居城である麻殖郡上桜城において、主家である三好長春（彦次郎）から攻められ、嫡子長重とともに討死している。その上桜における合戦に際し、雑賀門徒が三千丁の鉄砲をもって出兵していたと『昔阿波物語』に記されている。

【史料五】『昔阿波物語』

駟雲（長房）のそうれう（惣領）ハ廿歳に御なり候、先切て出可レ被レ果候、長春（三好）様の姉聟にて候、元亀三年六月十六日之事也、御名を大和守と申候キ、残りハ腹替りの子息四人、又娘一人、五人の御袋ハ、門跡様の御娘也、上桜をせめおとし候時ハ、紀州より鉄砲三千挺下り候故に、子共たちとかミへをハ紀州衆もらひ申候、兄子ハ松光殿と申て六さい也、[23]

この元亀三年（一五七二）（天正元年とする史料もあり）の上桜城攻めで、紀州衆は篠原氏を攻める側、すなわち三好氏を支持する援軍として阿波に渡ったのである。ところが、嫡子以外の子どもたちと母親を「もらひ」受けたとある。篠原氏を攻める側にありつつも、合戦後に、雑賀門徒が妻子を引き取ったのである。[24]史料二に、篠原松満の身上については、雑賀年寄衆が「御馳走」をもって顕如に申し上げたとあるが、篠原長房死後、紀州に身を寄せていた松満の進退についての執り成しであったと考えられる。また、「阿州・淡州調略之事」について、松満と篠原同名中、さらに家中が談合をもって行うことが誓約されており、本願寺顕如および雑賀門徒中に背くことはしないと誓っている。この関係もやはり、一揆的な結合のあり方と言うことができよう。また、この起請文を提出した篠原一党が、文書中にもあるように、同名・家中という一揆的性質をもつ集団であったことに注意しなくてはならない。つまり、同名あるいは家中の結合原理も、多分に一揆的な性格をもつものである。そうした構造をもつ篠原一党が、本願寺および紀州雑賀門徒に起請文を差し出していることは、先の武田氏との場合と同様、本願寺を紐帯としつつも、階層を異にし地域も異にする集団同士が、一揆を結んでいたことを示している。

史料三は、岡了順に対して松満が送った書状で、花押もあり本人直筆の文書であると思われるが、この中で松満が「御国へ身上任置候」と述べていることから、雑賀年寄衆筆頭の岡了順と松満の間柄が非常に親密であり、彼の進退については「御国」すなわち紀州（門徒）に「任置」いていたのである。松満の父・長房は畿内において非常に強力な軍事行動を行っており、三好氏の軍事的側面を指揮する将であったが、そのような篠原氏に対して、門徒たちは対等な一揆関係を結んでいるのである。

こうした雑賀門徒の行動について『昔阿波物語』は、「紀州衆ハ御門跡の旦那故に、もらひたすけ申候」と、その理由を記している。つまりここに現れた紀州衆は「御門跡様の旦那」、すなわち雑賀門徒であり、門徒として本願寺一族を引き取り保護したということが、この事件をめぐる背景にあったのである。軍事的には三好氏を援護しつつも、彼らの行動は一定度の自律性を保っており、やはり、門徒であることに、彼らの本質を認めなくてはならないのである。

ちなみに、『昔阿波物語』には、数年後に雑賀門徒が松満を擁して阿波へ入ったことが記されている。これも武内氏が紹介したところであるが、確認の意味を込めて、改めて取り上げよう。

【史料六】『昔阿波物語』

天正五年正月早々に、篠原駟雲の子息たちを阿波へけいこ（警固）を以、別宮へをし入申候、按（案）内なしに、かさをし（嵩押）に仕候ニ付而、一宮殿、井沢殿御被ニ腹立ニおいもとし（追戻）申候、紀のみなと（湊）の大将分ハ植松ノ平大夫、久保町の才助、ミなとの刑部、森、土橋、鷺森の源左衛門、かだ（加太）のむかひ（向井）の者、此者共か、元亀三年ニ上桜にて駟雲の子息達、御袋もらひ候て養置、その外内衆ハ篠原伊賀、庄野右近、寄金和泉、同名又亟（丞）、人数七拾人かゝへ置候事、百姓之分としてきとく（奇特）なる事仕候、信長殿以前ハ、主護（守）ハなく、百姓に仕りたる国にて候、[25]

『昔阿波物語』の記述を一応信頼した上で考えてみると、天正五年（一五七七）は、二月に信長の雑賀攻めが行われる年であり、非常に緊迫した状況下で、雑賀門徒らは阿波へ篠原松満を復帰させようとしていたことになる。これは、阿波・淡路において本願寺と親密な関係にあった篠原氏の勢力を回復し、阿波・淡路方面における対信長体制の基盤を固めようとしたものであろうが、こうした状況にあっても、本願寺が直接に関わることなく、雑賀門徒が主体的に動いている点が注目される。

以上みてきたように、雑賀門徒が、本願寺の指揮下のみで行動しているのではないことは明らかであろう。まさに、このような阿波・淡路における雑賀門徒の展開こそが、雑賀門徒の調略であった。しかも、彼らが「百姓之分」と記されていることは重要であろう。成立年が文禄・慶長期であるということから、この史料が当該期の史料であるとは言えないにしても、元亀・天正からさほど降らない時期に記された物語の中で、彼ら雑賀門徒が百姓分であると解されていたとすれば、やはり雑賀門徒の身分的本質は、百姓であったと考えざるをえないのである。その意味で、雑賀門徒の一揆は、百姓の一揆であったと言えよう。

以上のような史料二・三、さらに軍記物語の『昔阿波物語』から読み取れるのは、本願寺と幕府、そして大名や国人領主、さらには百姓身分である門徒といった、中央権門の地位にある者から百姓に至るまでの様々な階層に属する人々が、有機的な連関をもって一揆と一揆の合力体制を構成しているということである。これは、やはり戦国期の社会状況下において起こったものであり、本願寺、あるいは、本願寺宗主という宗教性を伴った存在を中心において結合したところに、一向一揆の広範、かつ、重層的なネットワークの要因が隠されているのではないだろうか。かかるネットワークは、国郡制に基づく空間秩序とは異なる独自の秩序を生み出すことになる。一向一揆という結合原理によって結ばれた諸集団は、荘園制の社会的枠組みを、その編成原理に置く政治的秩序とは別に、新しい共同体の枠組みを生んでいくことになる。ここまでの部分では、雑賀年寄衆を中心に検討を行ってきたが、次に、少し視点を変えて、かかる一向一揆への結集の前提になった地域秩序について、瀬戸内海という海の世界に目を向けて、石山戦争の背景を検討したい。

第二節　海の地域社会と石山戦争

1　本願寺と瀬戸内海の地域秩序

橋詰茂氏は、四国地方への真宗教線の伝播について「本願寺の教線は時期が遅れて海岸部に拡大していった。これは海にかかる面がある。瀬戸内海を媒介として讃岐・伊予へ、紀伊水道を媒介として阿波へ、また太平洋ルートを利用して土佐へと伝えられた」と指摘している(26)。このことから、紀伊・大坂から瀬戸内諸国に至る海上交通のルートが本願寺教線拡大における重要な役割を果たしていたであろうことが窺える。ただし、その形成過程や真宗教線浸透の実態については今もって不明な部分が多い。それを明らかにするためには、本願寺教団が展開する以前の、仏光寺系教団の展開過程などの究明が不可欠であるが、今はそれだけの用意がないので、ここでは石山戦争期の瀬戸内海地域における地域ネットワークの特質に焦点をあてたい。

石山戦争の十一年間、主力を担った雑賀門徒に出された大量の宗主御書や奉書類を一覧してみると、海上戦が非常に多く、また兵糧・物資・軍備などの海上運輸が、石山戦争を支えるにあたって非常に重要であったことに気づく。これは大坂本願寺自体の立地とも関係するのであろうが、その背景には、先に述べた真宗教団の教線展開や、門徒の存在を含み込んだ、瀬戸内海を媒介とする一揆の原理に基づく地域社会秩序があったように思われるのである。石山戦争の際、毛利氏との連携とも関連して、瀬戸内の水軍が本願寺に合力していた事実は、多くの史料が示しているとおりである。

【史料七】村上元吉等連署状

急度遂二注進一候、去十二日、岩屋を出船候て、泉州之内貝塚と申所江乗渡、雑賀衆令二同意一、翌日従二堺津一、住吉表・木津河口乗懸見合処、敵警固太船をハ勢楼迄組立数艘相囲、敵警固弐百余艘差二副太船之左右一、河口にハかしをゆり渡レ之、勿論陸勢張出持続候、不レ及二一戦之安否一候へハ、兵粮差籠候事、不レ成体候、然間、雑賀衆申二談之一、評議相澄切懸、則時追散候、右かこい舟にハ、泉・河・摂之陸衆・宗徒之者、歴々罷乗候間、十三日《ヨリ》十四日早朝迄、悉討二果之一、彼太船無レ残焼崩候、数百人討二捕之一候、頸注文相二揃之一、聽而可レ致二上進一候、御警固衆幷雑賀者無二比類一被レ砕レ手候、被レ立二御用一候衆、手負数人候、是又重而可レ致二注進一候、先以御吉左右申上候、恐惶謹言、

(天正四年)七月十五日

木梨又五郎
元恒（花押）

……（中略）

村上少輔太郎
元吉（花押）

児玉三郎右衛門尉殿
児玉東市助殿
岡和泉守殿(27)

天正四年（一五七六）に比定されているこの文書は、村上元吉らの連署による毛利家への戦況報告の注進状である。毛利氏と村上氏は、対立と和睦を繰り返しているが、一応、元亀元年（一五七〇）には、起請文を交わして盟約を結び、一揆体制に入っている。(28)その毛利・村上の一揆体制が、この段階ではさらに、本願寺との一揆体制へと展開しているのである。これは、ちょうど、木津河口の戦いで、毛利水軍が兵粮を本願寺に搬入することに成功した時のものである。この史料によれば、岩屋から貝塚を経て大坂へ入ろうとした毛利水軍は、雑賀門徒および、摂津・河内・和泉の門徒の援助を受けて、ともに戦っているのである。この搬入を成功せしめたのは、とりもなおさず、村上水軍の瀬戸内海掌握の実力によるものである。

村上水軍が権利を実質的に占有していた瀬戸内海は、古代以来、大陸から九州を経た輸入物資を畿内へと運輸するための重要な航路にあたっていた。信長にとっては、この海上交通圏の掌握も天下統一のためになくてはならない要件であった。海上交通を含めて海の世界は、陸の世界とは異なる性質をもっており、必ずしもその境界や支配関係は明瞭ではない部分が多い世界である。(29)その海上交通の畿内への入り口が大坂であり、本願寺であったという点は、注意しておく必要がある。池享氏は、一向一揆と地域権力を結びつけたものとして広域流通機構の掌握があったことを指摘しているが[30]、その可能性があるとすれば、本願寺と村上水軍、あるいは毛利氏や阿波の国人とを結びつけた理由も、そのような点にあった可能性があろう。とくに門徒と村上氏との関係について、ここでは確認してみたい。海の世界は、史料上になかなか現れないため、その実態を把握することは非常に困難である。ここでは限られた史料からではあるが、可能なかぎり追究してみよう。

そのことを考えるにあたって、一つ手がかりとなるのが、村上水軍が発給していたとされる過所旗[31]の存在である。従来、安芸厳島神社宛のものは知られていたが、近年、和歌山県内で発見された個人蔵の過所旗がある。天正九年（一五八一）三月二十八日付で、村上武吉の署名と花押が記されたものである。宛所には「紀州向井強右衛門とのへ」と記されている。この宛所について、過所旗を調査、紹介した高橋修氏は、紀伊国海部郡加太荘の公文向井氏の一族であろうと推定しており[32]、著者もそのとおりであると考える。この史料自体は、石山戦争が終結した後に発給されたものであって、この旗をもって、ただちに石山戦争の前提を考えることは無理があるかもしれないが、先の篠原松満一族をめぐる上桜の一件において検討した史料六『昔阿波物語』を、今一度見直してみたい。

天正五年（一五七七）、松満の阿波復帰を目的として阿波へ入国した紀州衆の中に、「かだのむかひの者」がいた。向井氏は加太荘の刀禰職・公文職を保持しており、向井家に残された大量の文書群からは、中世の海の世界、当該期の漁村の様相が克明に浮かび上がってくるのであるが[33]、その向井家の一族が、過所旗を発給されているという事実は、彼らが、合戦への動員など非常時に限らず、恒常的に瀬戸内海を生業の場としていたことを窺わせるのに十分であろう。向井氏は本願寺門徒ではないが、紀州門徒団、とくに雑賀門徒の多くが海の世界を生業の場としていたのであって、石山戦争期の一揆体制が広範に展開する素地がすでにあったと言えるのである。

また、加えて村上氏と雑賀門徒の間が、どういう関係であったのかを確認するために、次の史料を挙げておこう。

【史料八】清次・光吉連署状

尚々大［　　］候ハヽ、定而難レ調［　　］候へ共、岩屋より小林殿自身、今日八日巳之刻ニ御上候、少も御いそきの事ニ候之間、可レ被レ成二其意一候、以上、

態令レ啓候、仍葉筑（羽柴秀吉）播州表へ差下候付而、爰許湊之警固有次第、岩屋迄被二仰下一候、然処、三木・高砂・明石、其外之国衆、皆々此方へ一味仕候而、即可二打果一調略有レ之事候、其方へ従二上様一御はやうちを以、被二仰下一候之条、其表人数三百人程、岩屋まて早速ニ御立可レ然候、大事之手筈有レ之由被二仰出一御事候、不レ及レ申候へ共、御由（油）断有間敷候、我等両人之儀も、岩屋まて可レ参と御暇申候へ共、先々四五日逗留之儀被二仰出一候之間如レ此候、誠ニ所レ稀内心存候、恐々謹言、

（天正五年）三月八日　　光吉（花押）
雑賀御坊御惣中　　清次（花押）(34)

これは雑賀門徒団の結集する拠点である雑賀御坊（鷺森）に宛てて出されたものである。村上氏が直接、雑賀御坊惣中に宛てて送ったものであって、ここにおいても、門徒団と水軍との直接交渉の様子が見て取れるのである。

2　瀬戸内と熊野

以上のように、大坂本願寺と中国・四国の間に瀬戸内海を媒介に結ばれた一揆体制のあったことが明らかになったと思われるが、では、なぜにこの関係が構築されたのか、これを可能ならしめた要因について考えてみたい。すでに、仁木宏氏は、畿内近国において一向一揆が形成された要因について「本願寺が体現する「仏法」の世界（「寺の論理」）」が「中世都市・流通構造を変革しようする寺内町民の志向（「町の論理」）をかなりの程度、実現することに成功した」[35]ためであるという見解を示している。これは継承すべき理解であると思われるが、ここでは、そうした寺の論理・町の論理が形成される以前に、すでに素地として蓄えられていた要素について、あくまで仮説に止まるが、可能性を提起したい。

寺の論理・町の論理といったものが形成される以前の段階で、何らかの地域と地域をつなぐ要素があったのではないかと考えた時、熊野信仰の問題が立ち現れるのである。一見、熊野信仰と石山戦争には何らのつながりもないように見えるかもしれないが、そうではないのである。たとえば、石山戦争期、足利義昭が諸方に味方を募る書状を発給しているが、天正元年（一五七三）には熊野本宮衆徒中に宛てて文書が発給されている。また、義昭は紀伊由良に落ち延びたこともある。さらに、阿波三好氏の被官である安宅氏は、熊野水軍と密接な関係をもっているなど、おぼろげながらではあるが、複数のつながりのあったことが見えてくる。一方、本願寺そのものと熊野との関係を考えると、次のような『天文日記』の記述に行き着く。

【史料九】『天文日記』天文六年九月六日条

従熊野三山衆徒中、以書状、彼国湯河、社領など押領候間、可成敗候、然者雑賀衆、湯河方へ無合力様ニ可申付由申候、同雑賀へも有状、自此方付候へと申来候、此儀急度以使雖可申候、先年玉置、湯河為門徒衆成敗候処、熊野三山より両人直候間、（脱文アルカ）自然門前ヨリ追帰候てハ、失面目儀候とて、堺遣勢州伊沢商人依牢人、堺ニ居住候ニ、則堺材木町にて人の渡候とて持来候、其雑賀への状ニ、以三郡自本願寺殿御下之衆、為三山仕立可申候と書候は、筑帰事候間、中々の曲事申候、但堺にて備中計儀し候歟、[36]

【史料一〇】『天文日記』天文六年九月七日条

自熊野三山申状不審候間、先商人返候、何様返事重而可申下云て、いなせ候、[37]

史料九は、脱文等もあるようで意味が取りにくい部分があるが、三山衆徒中が、紀州日高郡の国人領主で室町幕府奉公衆でもある湯河氏の社領押領に対して武力行使に及ぶにあたって、雑賀門徒が湯河に合力しないよう、雑賀に直接申し入れをすると同時に、本願寺にも申し付けを求めているのである。また、それ以前に、玉置・湯河両氏と雑賀門徒が争った時には、熊野三山がその仲介を行ったことも記されている。結局史料一〇にあるように、熊野よりの申状には不審があるということで、使者であった商人は追い返されているが、こうした在地の紛争において、熊野と本願寺・門徒の間で交渉があったことは確かである。

　こうした政治的な側面における三者のつながりについて今確認したのであるが、さらに、宗教的な側面におけるつながりもないかどうか、確認してみたい。というのも、雑賀の地が、少なからず熊野信仰と関係の深い地であったからである。たとえば、先に『昔阿波物語』に登場していた向井氏は、加太荘の刀禰職・公文職を務める荘官であると言ったが、荘官という属性と同時に、同家は葛城修験の一宿の宿坊「迎坊」をも務めていた。葛城修験は、紀伊・和泉の境界に位置する葛城山系を行場とする修験で、紀淡海峡沖にある友ヶ島から始まり、葛城山系をめぐるものであるが、葛城山系をめぐる山伏をのちに統轄するのは聖護院、また熊野の修験も聖護院の系統にあり、修験を媒介にしたつながりが想定されるのである。

【史料一二】

（前欠）

一同郡之ヲカタ《岡田》ヨリマイリ候旦那一円、

一紀伊国天郡《海部》サイカ《雑賀》ノ庄之内、ナカシマ《中嶋》ヨリマイリ候タンナ、又ウチ《宇治》ヨリマイリ候旦那、マタヲカ《岡》ヨリマイリ候タンナ、又サイカ《雑賀》ノサトヨリマイリ候旦那、新宮ハ廊ノ助殿へ付候、那智分ハ一円、右此前ノ旦那、依レ有二要用一、ナチ《那智》清水ノシンセイノ方へ、永代売渡申候、若於二此旦那一何方より違乱出来候共、新宮廊ノ助殿ノ子孫とシテ、道遣可レ申候、

一大和国スかうノクワンシヤウソウツノヒキ、ミナシンクウ《新宮》ノシハ《斯波》ノ大将軍ノ七郎次郎ノモトへ付候、

一那智ノ宿坊ハアリノキノ坊へミナ付候、

明徳三年壬申八月五日　近秀（花押）

売主廊ノ三郎[38]

【史料一二】海部郡旦那願文案

きつ《（のカ）》あまのかうり《（海部郡）》願文み出、ほんく書

おかの願文　　岡之見持大夫入道沙弥本寿　在判

同し刄女《（妻カ）》　同さいか《（雑賀）》の見持□《（殿カ）》

ヲカノ

藤蔵大夫殿　　同平内大夫殿　女性

同かもん殿《（々カ）》　衛門大郎　同妻女　同内

此人候、明徳二年三月十四日、　又応永五年三月十五日御参詣之時願文にて候、(39)

ここに掲げた二つの史料は、明徳三年（一三九二）、応永五年（一三九八）と、いずれも同時期に記されたものであり、戦国期に雑賀門徒が活動の拠点とした雑賀地域に熊野信仰の旦那場があったことを示すものである。しかも、雑賀・宇治・岡は、のちに鷺森御坊が建立される地であり、雑賀年寄衆の本拠である。熊野と雑賀門徒との間に、信仰を媒介にした結びつきがあるということは、綿貫友子氏が指摘するような東国・西国に広範に広がる熊野信仰のネットワークの存在と併せて、見逃すことはできない(40)。この関係が、本願寺・門徒・瀬戸内海といった畿内以西に及ぶ諸勢力の一揆関係を形成する一つの媒介となっていた可能性を認めることができるのではなかろうか。もちろん、この問題は時期的にも相当離れたものであるため、いずれにおいても直接的連関を確認することはできないが、こうした宗教を媒介とする地域秩序の存在が石山戦争時の広範な一揆体制創出の前提にあったとしても何ら不思議ではなかろう。

第三節　大坂退去と統一権力

1　大坂退去をめぐって――一揆体制の解体と退去の論理

問題を石山戦争に戻すと、一揆体制によって保持してきた戦況は、天正六年（一五七八）、木津川口海戦での毛利・村上両水軍敗北によって、大坂湾付近の制海権を喪失、一向一揆側不利の状況へ傾いていく[41]。制海権の喪失を契機に、本願寺は徹底抗戦から講和へと、その立場を転向していくのである。そして、天正八年（一五八〇）一月には勅命講和が成立、顕如は大坂本願寺を退去することになる。この状況をみても、制海権がいかに本願寺を支える重要な要素であったかということがわかろう。ではこの勅命講和の際、いったいどのような理由で大坂退去に至ったのであろうか。宗主顕如にとって、あるいは門徒にとって、どのようにそのことが認識されていたのかを確認しておく。

【史料一三】顕如書状

（端裏書）「越中　坊主衆中へ　門徒衆中へ」

態染筆候、仍信長公与和平之儀、為二　禁裏一被二仰出一、互之趣種々及二其沙汰一候キ、彼憤大坂退出之儀ニ相極候間、此段新門主令二直談一候、其後禁裏へ進上之墨付ニも被レ加二判形一候、此和平之儀者、大坂幷出城所々、其外兵庫、尼崎之拘様、兵粮、玉薬以下、此已来之儀、不レ及二了簡一候、中国衆之儀、岩屋・兵庫・尼崎引退帰国候、今ハ宇喜多別心之条、海陸之行不レ可二相叶一由候、たとへハ当年中之儀者可二相拘一歟、乍レ去敵多人数取詰、長陣以後者、扱之儀も不レ可レ成候、

然時ハ、有岡・三木同前ニ可二成行一事眼前候、忽
開山尊像をハしめ悉相果候、(42)（以下略）

天正八年一月の勅命講和後に出された書状で、越中の門徒および坊主衆に宛てて、勅命講和の受諾を門末に知らせている内容である。これと同様の内容が記された奉書が、飛騨照蓮寺や、大和本善寺に出されている。この時期は、同時に新門主であった教如が「大坂拘様《かかえざま》」を訴え、諸国門徒に徹底抗戦を呼びかけている時期でもあり、顕如が教団内の混乱状況を収拾する必要に迫られている最中に発給したものであった。

では、この文書の内容を少し検討してみよう。「彼」というのは信長を指しているであろうから、信長の「憤」の核心が「大坂退出」という一事にあったと、顕如は認識していたようである。また勅命講和を受け入れた理由として、大坂所々の出城、兵庫・尼崎などの兵粮や弾薬が少なくなり、さらには、中国衆の帰国、あるいは宇喜多氏も別心ということで、もはや、海陸ともに「行《てだて》」が叶わなくなっていることが物理的な理由として挙げられている。また、退出に踏み切ったもう一つの理由として、たとえ一年は持ちこたえたとしても、長陣が続けば「扱」もなり難く、有岡・三木と同様の結果になって、開山尊像（親鸞像）をはじめとして、すべてが破滅してしまうとしている。これは仏法破滅回避のためのものであって、宗教的な理由である。つまり、あくまで顕如の認識に基づくものであるが、大坂退出は、制海権の喪失、仏法破滅の危機、この二つの物理的・宗教的な理由によって決されたのである。宗教的な理由については、門徒にとって動員の論理が、開山尊像および聖人（親鸞）御座所たる聖地大坂の守護であったということは、当該期の檄文を見れば一目瞭然である。大坂本願寺を中心に、諸階

層・諸集団を糾合しながら十一年間にわたって戦われた石山戦争は、瀬戸内制海権が失われてしまえば、その理念の保持もし難くなるため、破滅を回避するためには、大坂を退去せざるをえなかったのである。もちろん、顕如は、それまで門徒を軍役に動員してきた論理についての修正を行わねばならなかった。つまり聖人御座所そのものを、聖地大坂という空間から分離するために、御座所守護理念の解釈を転換することが必要になったのである。この点については、改めて検討しなくてはならない問題であると思われるので、ひとまず、ここでは、その方向性を示すに止めておく。

2 統一権力の政策と地域秩序の帰結

これまでの検討を通して、石山戦争の背景に、従来、言われてきた中央の政争といった理由とは別に、親鸞聖人御座所守護という信仰における根本的な問題を核として、様々な理由ではあれ、それを現実的に支える一揆体制があったことが明らかになったと思われる。では、大坂を物資などの物理的な側面から支えた最も重要な瀬戸内海の制海権は、その後、どのような展開をたどるのであろうか。

石山戦争期の村上水軍が瀬戸内制海権に多大な影響力をもっていたことは、岸田裕之氏が指摘するところの、天正四年（一五七六）段階の毛利氏と村上水軍による大坂支援や、毛利氏による海上経済封鎖によって織田支配下の都市商人が多大な被害を受けたこと、さらには、それらに対して、信長が鉄甲船造船、水軍力強化(43)、村上水軍の離反の画策など、あらゆる方策を尽していることなどからも十分に窺える(44)。

石山戦争を終結させるにあたって、瀬戸内制海権は、信長、本願寺・一向一揆いずれにとっても、掌握しなくてはならない、あるいは譲ることのできない問題であった。そして、この制海権を含めた海の地域社会秩序は、石山戦争後、統一権力によってどう掌握されていったのであろうか。信長の後、統一権力を引き継いだ秀吉は、諸国の大名および一揆を解体した上で、天正十六年（一五八八）に、海賊停止令なる法令を発している。小早川家文書にある海賊停止令を検討した藤木久志氏は、海賊停止令の性格について、次のように述べている。

ほんらい海賊成敗権は豊臣政権に帰属すべきものとの原則を明記し、さらに当事者側の異議申立は大坂＝豊臣政権に直接に受理するとした上で、小早川氏の持分として成敗執行権の権限だけを付託したものであった。（中略）海賊停止令の強化が単なる海上における海賊行為の規制だけにとどまらず、「国々浦々船頭猟師、いつれも船つかひ候もの」の渡り性を抑制して定住化を促し、国主のもとに組織的に掌握するという方向に展開されようとしている事実に注目しなければならない。おそらくこの方向こそが、国内に向けられた海賊停止令のめざす政策の目的であったのではなかろうか。(45)

海賊停止令が発令されたのは、天正十六年の七月で、刀狩令と同時に出されたものである。この前後の政治状況を見てみると、前年の天正十五年（一五八七）には九州の島津義久が秀吉に降服しており、十八年（一五九〇）には小田原攻めが開始されるというように、まさに秀吉の天下統一事業の最終段階にあたっている。天正十九年（一五九一）には、その動きは国内から国外へと展開、朝鮮出兵が発令されるという状況にあった。こうした状況下、すなわち豊臣政権による天下統一の最終段階において出されたのが、刀狩令および海賊停止令だったのである。その第一条目に、備後と伊予の間にある伊津喜嶋近辺における海賊行為の禁止に関する記述があるが、これは瀬戸内海における水軍の行動を主眼目に置いた条項である。こうした政策は、かつて村上水軍に代表されるような、海の民が形成してきた中世的な海の地域社会秩序を否定し、彼らの行動を海賊行為という名のもとに押し込めようとするものであると言えよう。これによって、瀬戸内海の地域社会秩序は豊臣の領域平和に支配されることとなる。

秀吉はすでに、天正九年(一五八一)段階から、淡路の岩屋船が分国内を廻船することを免除している(46)。海賊停止令以前、石山戦争終結の翌年という早い段階から、このような政策を打ち出しており、統一権力はその早い段階から、この瀬戸内制海権を掌握することを指向していたということになる。つまり、本願寺にとって大坂を支える瀬戸内海域が重要であり、聖地大坂の守護が最も重要な課題であったように、統一権力にとっても、瀬戸内海域の掌握と、宗教性を帯びた本願寺・一向一揆の解体が欠くべからざる課題だったのである。ここに、統一権力の指向と本願寺の指向との対立構造が見えてくるのである。

おわりに

本章では、雑賀門徒と武田氏・篠原氏との間に交わされた起請文などから見える一向一揆の背景について検討してきた。そこで明らかになったのは、瀬戸内海制海権に代表されるような在来地域秩序の論理と、宗教的な聖地大坂守護の論理、この二つの論理が、一向一揆を一向一揆ならしめた根本にあったということである。また、織田・豊臣政権の天下統一過程において、一向一揆が守ろうとしたものと、織田・豊臣政権が掌握しなくてはならなかったものが衝突していたことが、両者の対立の要因としてあったことも明らかになった。

そこで問題をはじめに戻して、一向一揆の一揆としての性格について簡単に述べておきたい。一向一揆が諸階層・諸集団を複合的に組み込んだ一揆の形態であるということは、衆目の一致するところであろう。ところが、大名権力や民衆を含み込み、さらにそこに本願寺・真宗という信仰の問題が関わってくるという、その性質が、逆に一向一揆の評価を曖昧にさせてきたのである。しかし、改めて一揆とはどのような形態をとるのか、と考えてみると、中世後期を、武士も農民も僧侶も一揆を結んだ「一揆の時代」であったとみる榎原雅治氏の指摘が重要な意味をもつ(47)。つまり、諸階層・諸集団の複合性こそが一揆の前提にあるのであって、単純な結合ではないものが一揆なのである。石山戦争期の一向一揆の場合、そうした複合性を実現せしめたものが何であったのかを問うことが必要であろう。単に、民衆闘争と言ってみたり、本願寺の寺家権門としての性格を強調したり、あるいは、戦国大名や国人領主権力などとの比較を行ってみたところで、それは本質にはたどりつかない。むしろ、統一権力と大坂本願寺を中心に結集した一向一揆（ここでは、門徒のみならず複合性をもった広義の一揆を指す）との闘争であったとみる見方に、今一度戻るべきなのである。そうすれば、現実的・世俗的な問題として把握できる。商業・流通などを含み込んだ在地の秩序を土台に、本願寺のもつ宗教性・信仰を媒介に結集した一揆が一向一揆であり、統一権力の基調とは全く異なる指向をもつ者同士の対決であったと理解することも可能になるのである。

ではなぜ、あえて本願寺でなければならなかったのか、といった疑問が残るかもしれないが、たとえば、一揆そのものが、神々に起請することによって成立する結合の形態であることなどは、その問題を考えるにあたっての手がかりになる。このように、一揆が本来的に宗教性を帯びたものであるならば、本願寺門徒の広域的な展開、また、職能民などの門徒を多く抱えたこと、寺内町の広がりなどの諸要素を媒介に、宗教性の象徴である本願寺に諸権力・諸階層が結びついたことも、必然的なことであったと言えよう。

中世的な結合原理に基づく一揆が広範に広がり、全国的な規模でまとまって行動した元亀・天正年間の一向一揆こそ、中世的な一揆の第一帰結点であり、この形態での闘争が織田信長に敗北した時、それは中世から近世への重要な転換点となったのである。

こののち、秀吉は先述のように、列島社会を統一するべく、大名から百姓に至るまでの軍事征服を展開していくのであるが、とくに百姓身分の確定と関係する問題としての、天正十三年（一五八五）の紀州攻めについて、後述することとする。

註

（1）笠原一男『一向一揆の研究』（山川出版社、一九六二年）、井上鋭夫『一向一揆の研究』（吉川弘文館、一九六八年）など。
（2）藤木久志「一向一揆論」（同『戦国史をみる目』、校倉書房、一九九五年、初出一九八四年）。
（3）神田千里『一向一揆と戦国社会』第一章第三部（吉川弘文館、一九九八年）。
（4）石田晴男「戦国期の本願寺の社会的位置」（講座『蓮如』三巻、平凡社、一九九七年）。

（5） 金龍静『一向一揆論』（吉川弘文館、二〇〇四年）。
（6） 仁木宏『空間・公・共同体――中世都市から近世都市へ――』第Ⅳ章（青木書店、一九九七年）。
（7） ここで念頭に置くのは、朝尾直弘氏の百姓対織豊武士団の対決（朝尾直弘「将軍権力の創出」〈同『将軍権力の創出』、岩波書店、一九九四年、初出一九七一～七四年〉）と、後者による軍事征服の上に成立した近世社会という理解である。朝尾論もまだ検討しなくてはならないことが多くあり、これがすべてではないが、大きな構図としては、まだ否定されていないだろう。なお、朝尾氏の将軍権力論の問題点等については、堀新氏が的確な評を行っている。そこでは、朝尾氏の百姓国家への可能性をはらんだ一向一揆という見方について、神田氏らの批判があると指摘されているが、著者は、神田氏の批判では、朝尾説を越えるだけの論理構築は困難であると考えている。堀新「朝尾直弘氏の将軍権力論をめぐって」（『日本史研究』五二六号、二〇〇六年）。
（8） 井上註（1）前掲書。
（9） 武内善信「天正三年の雑賀年寄衆関係史料」（『本願寺史料研究所報』二七号、二〇〇二年）によって、天正年中の大坂本願寺戦争をめぐる雑賀年寄衆に関する四点の文書が翻刻紹介された。四点の文書は、①天正三年五月二十八日付雑賀年寄衆起請文、②天正三年六月十七日付篠原政盛等連署起請文、③（天正三年）八月二十七日付篠原松満書状、④（天正三年）七月十日付雑賀年寄衆書状写、の以上四点である（史料名称は、②が篠原松満一党起請文という名称が付されていたが、本書では篠原政盛等連署起請文と名称を改めた）。
（10） （天正三年）七月十日付雑賀年寄衆連署書状写（『本願寺史料研究所報』二七号、二〇〇二年）。
（11） 武内註（9）前掲史料紹介。
（12） 『山梨県の地名』三三六頁、光沢寺の項（『日本歴史地名大系』一九、平凡社、一九九五年）。ちなみに、長延寺実了は、信玄の使者として、本願寺坊官・下間頼充と談合、越中一向一揆を攻めようとした上杉氏に対抗した、ともされている（同書）。
（13） 『天文日記』天文八年六月三日・八月二十日・天文十六年四月八日の各条を参照されたい。『天文日記』（『一向一揆』〈真宗史料集成三巻、同朋舎、二〇〇三年、初版一九七九年〉）。
（14） （天正三年）月日付顕如書状案（顕如上人文案『一向一揆』〈真宗史料集成三巻、同朋舎、二〇〇三年、初版一

九七九年〉）に、次のような文案が確認される。

追而令二啓達一候、仍遠三表之御備如何候哉、江北越前其外近国弥無二正体一式候、随而上野法眼ニ申付旨趣以二一書一申入候、委細八重森因幡守可被申候、――

月　日

法性院殿

また、上杉家文書に、（天正十年）三月二日付八重森家昌書状があり、その中に「八重森因幡守家昌」という署名があることから、実名が家昌であると知られる。（天正十年）三月二日付八重森家昌書状（大日本古文書『上杉家文書之二』七五三号）。

(15) 朝尾註(7)前掲論文。

(16) 天正三年六月十七日付篠原政盛等連署起請文（『本願寺史料研究所報』二七号、二〇〇二年）。

(17) （天正三年）八月二十七日付篠原松満書状（『本願寺史料研究所報』二七号、二〇〇二年）。

(18) 『本願寺系図』（『伝記・系図』〈真宗史料集成七巻、同朋舎、二〇〇三年、初版一九七五年〉）。

(19) 『天文日記』天文二十年四月一日条（『一向一揆』〈真宗史料集成三巻、同朋舎、二〇〇三年、初版一九七九年〉）。

(20) 神田註(3)前掲書、石田註(4)前掲論文。

(21) （元亀元年）九月十九日付顕如書状案（顕如上人文案、『一向一揆』〈真宗史料集成三巻、同朋舎、二〇〇三年、初版一九七九年〉）。

(22) （元亀元年）十月一日付顕如書状案（顕如上人文案、『一向一揆』〈真宗史料集成三巻、同朋舎、二〇〇三年、初版一九七九年〉）。

(23) 『昔阿波物語』（『阿波国徴古雑抄』、日本地理学会、一九一三年）。この書は文禄・慶長期の成立であるとされる（『国書総目録』）。

(24) ちなみに、これも後世の軍記であるが『三好家成立之事』（『群書類従』二一輯、合戦部）に、この上桜城攻めのことが記されている。それによると、「弾正《(長房)》ハ大形殿《(長春母)》ニ憎レケレバ、桜城ニ引籠リ居タリケリ、彦次郎長春怒テ森飛騨守・井沢右近ヲ大将ニテ、紀伊・阿波・淡路三ヶ国ノ勢ヲ被差向、其勢七千、（中略）弾正ハ内室幼少ノ子甥等ヲ色々ニスカシ落シテ、息大和守十八歳相伴ヒ、迚モ遁ヌ所也トテ、元亀三年七月十六日、城ニ火ヲ掛」けたとある。また、『三好別記』（『群書類従』二一輯、合戦部）には、「元亀三年六月十六日、木村飛騨、井沢右近、阿波・淡路・紀伊国の人数をそつし、討手にむかふ、駟雲防戦にもおよばず切腹也、遺言に実休多年恩顧の国なれば、我切腹の後も五年は治まり可申候、五年過候はゞ必うちわくづれ、他人の国となるべしといふ、又駟雲に幼子四人あり、松光八歳・梅松七歳・吉松六歳・小法師五歳也、皆雑賀門跡の女のはら也、然間、紀州衆内室ともにもらひ請、雑賀へ送る、（中略）さいごに駟雲、家来庄和泉をよび、我子共をば紀伊国衆もらひてたすけぬ、鶴石《（猶子）》をいかにもしてつれてのきたすけれくれよといふ」とある。ここにある庄和泉とは、庄右近の一族であろう。

(25) 註(23)前掲書に同じ。
(26) 橋詰茂「四国真宗教団の発展過程」（講座『蓮如』五巻、平凡社、一九九七年）。
(27) （天正四年）七月十五日付村上元吉等連署注進状（大日本古文書『毛利家文書之二』三三八号）。
(28) 『大日本史料』元亀元年九月二十日条（毛利家文書、村上家文書）。
(29) 網野善彦『日本中世の非農業民と天皇』序章Ⅲ（岩波書店、一九八四年）。
(30) 池享「大名領国制の展開と将軍・天皇」（『講座日本歴史四』中世二、東京大学出版会、一九八五年）。
(31) 過所旗については金谷匡人『海賊たちの中世』（吉川弘文館、一九九八年）における検討がある。
(32) 高橋修「新出の『村上武吉過所旗』について」上・下、（『和歌山県立博物館研究紀要』四・五号、一九九九年・二〇〇〇年）。同「コラム――新出の「村上武吉過所旗」と雑賀衆」（山陰加春夫編『きのくに荘園の世界』下巻、清文堂出版、二〇〇二年）。
(33) 向井家および向井家文書については、伊藤正敏氏『中世後期の村落――紀伊国加太荘の場合――』（吉川弘文館、一九九一年）が詳しい。
(34) （天正五年）三月八日付清次・光吉連署状（鷺森別院文書、『和歌山市史』第四巻、戦国一一―三五一号）。
(35) 仁木註(6)前掲書。
(36) 『天文日記』天文六年九月六日条（『一向一揆』〈真宗史料集成三巻、同朋舎、二〇〇三年、初版一九七九年〉）。

(37)『天文日記』天文六年九月七日条(『一向一揆』〈真宗史料集成三巻、同朋舎、二〇〇三年、初版一九七九年〉)。
(38)明徳三年八月五日付近秀旦那売券(潮崎稜威主文書一五、『史料纂集　熊野那智大社文書』四)。
(39)応永五年三月十五日付紀伊国海部郡旦那願文案(潮崎稜威主文書一五、『史料纂集　熊野那智大社文書』四)。
(40)綿貫友子「中世の都市と流通」(榎原雅治編『一揆の時代』、日本の時代史一一、吉川弘文館、二〇〇三年)。
(41)金谷註(31)前掲書。
(42)(天正八年)卯月十五日付顕如書状(越中勝興寺文書『富山県史』)。
(43)このことについて『多聞院日記』には「一、堺浦へ近日伊勢ヨリ大船調付了、人数五千程ノル、横へ七間、竪へ十二三間も在レ之、鉄ノ船也、テッハウトヲラヌ用意、事々敷儀也、大坂へ取ヨリ、通路トムヘキ用ト云々」と記されている。『多聞院日記』天正六年七月二十日条(増補史料大成)。
(44)岸田裕之「中世後期の地方経済と都市」(『講座日本歴史四巻』中世二、東京大学出版会、一九八五年)。
(45)藤木久志『豊臣平和令と戦国社会』第四章第一節(東京大学出版会、一九八五年)。
(46)『史料綜覧』天正九年十月二十三日条。
(47)榎原雅治「一揆の時代」(榎原雅治編『一揆の時代』、日本の時代史一一、吉川弘文館、二〇〇三年)。

第六章　天正十三年紀州仕置と秀吉の天下構想

はじめに

ここまでは、中世社会を通じて、地域社会秩序が形成されていく過程を追い、その地域秩序の上に、諸階層・諸集団が一揆を結ぶことを明らかにしてきた。そして、一揆が全国的なネットワークを結ぶ一向一揆へと収斂し、やがて新しい社会秩序形成を目指した信長との対立と敗北によって、広範な一揆体制が崩壊するところまでを検討した。本章では、信長によって全国的に展開した一揆体制が崩壊したのち、秀吉がどのように一揆と対決し、新しい社会秩序を形成していったのかについて、とくに秀吉伝記の性格という側面から考えてみたい。

中世から近世への転換を考えるにあたって、織田信長による一向一揆との戦争と、豊臣秀吉による豊臣平和令の問題は避けて通ることのできない問題である。この二つがなければ、日本の近世国家は形成されなかったと言っても過言ではなかろう。それゆえに中世史・近世史を問わず、統一権力をいかに評価するかという問題は重要な課題として位置づけられてきた。この研究に大きな画期をもたらしたのが藤木久志氏による豊臣平和令の発見(1)にあったことは今さら言うまでもあるまい。惣無事令

（大名の平和）・喧嘩停止令（村落の平和）・刀狩令（百姓の平和）・海賊停止令（海の平和）の四法令がこの平和令の中身であるが、これは諸共同体間の紛争を私戦（フェーデ）の枠へ押し込め、それを豊臣の平和という論理へ包摂するものであり[2]、上は大名から下は百姓に至る諸階層のタテの秩序、山野河海に至るまでの空間的なヨコの秩序、このタテとヨコの秩序を豊臣の平和という領域へと包摂するものであった。これによって自力救済権を背景に武力を行使し、私戦で命を落とすという「自力の惨禍からの解放」が実現されたとされている[3]。しかし、豊臣の「平和」が軍事征圧によって達成されたという点を忘れてはなるまい。たとえそれが平和的性格を有していたとしても、その過程が圧倒的な軍事力による征圧であったことは事実である。藤木氏は、一揆敗北論などによる安易な中世から近世への断絶論への批判から、かかる視座を提起しているのであり、それはたしかに重く受け止めなければならない視点である。しかし、著者は、それでもなお、中世から近世には大きな断絶があると考える[4]。そしてそのことを明らかにするためには、秀吉政権の指向性を明らかにしなくてはならない。かかる問題関心に基づいて、本章では、秀吉政権が大規模な対百姓戦争としては最後に対峙したであろう天正十三年紀州攻めを描いた物語『紀州御発向之事』および、一連の秀吉の天下統一事業に関連する物語を素材に、思想史的考察をもって、秀吉政権が意図した政治構想に迫りたい。

第一節　秀吉の動向と紀州仕置

紀州は信長（天正五年）・秀吉（天正十三年）と二度にわたって対立し戦っている。前者の場合には一向一揆として、後者の場合には地域社会を中心とした一揆として、いずれも両政権が克服しなくてはならない一揆が展開した舞台であった。紀州は惣国一揆が早くから形成された地域であり、「一揆の時代」[7]といわれる中世社会の典型とも言える。この地域社会において形成された一揆が迎えた終焉には、いかなる意味があったのか、また中世社会はどのように帰結させられたのであろうか。[5][6]

天正十三年（一五八五）秀吉の紀州攻めでは、約一カ月にわたる攻防を繰り広げた太田城水攻めが最も大きな戦闘であった。この直後に、四国国分、さらには九州仕置、奥羽仕置、と惣無事令に基づく軍事行動を次々と展開した秀吉にとって、自身が陣頭指揮をとって百姓を中心とする一揆に対峙したのは、この紀州攻めが最後であった。[8]

ちなみに、本章では、この天正十三年紀州攻めを「紀州仕置」と位置づけたい。一般的に「仕置」と呼ばれるのは奥羽仕置などの場合であり、紀州の事例をこれまで「仕置」と呼んだ例は管見のかぎりない。史料上でも「成敗」「退治」「打果」などの言葉で表現されているが、あえてこう表現するのは、紀州攻めが秀吉の天下統一過程と政策の基調からみると、明らかに「仕置」としての性格を備えていたと考えるからである。

奥州仕置を検討した小林清治氏は、仕置という概念を「征伐」や「戦争」とは性格の異なる、平和的性格を有するものであると指摘する。[9]しかし重要なのは、氏も述べるように、奥羽仕置ののちに朝鮮への侵略戦争が起こったことを含め、平和的性格を有する側面もありながらも、やがて対外侵略につながる国内における基礎固めであったという問題をはらんでいた点にある。とすれば、「仕置」とは豊臣の平和の枠組み内における統一政策、さらには、対外侵略戦争へと向かう軍事構想を内包した戦略的な言葉であったと捉えるのが適切であると考える。以上のような点から、豊臣平和令の一環であり、秀吉の政治的構想を内包した性格を有するものとして、紀州攻めを「仕置」と位置づける。

これまで、紀州仕置に関しては、原刀狩令の事例として取り上げた藤木久志氏の研究(10)や、関連文書の検討を通じて原刀狩令の再評価を試みた播磨良紀氏による研究(11)などが挙げられる程度であり、多くの課題が残されている現状にある。ただし、その具体的過程の検討等については別の機会に譲ることとして、本稿では、まずは秀吉政権の政治的構想の性格を、秀吉伝記の叙述から検討していくこととする。

それに先立って、紀州仕置前後の状況を確認しておこう。石山戦争が終結した天正八年（一五八〇）から後、天正十年（一五八二）六月二日、本能寺の変が起こり、信長はこの世を去る。秀吉は天正九年（一五八一）から中国平定に赴いており、吉川経家の鳥取城を攻略して伯耆を支配下に収め、さらに淡路も攻略、天正十年五月には備中高松城を水攻めにしている。こうした状況にあって、本能寺の変の報せを聞いた秀吉は京へ戻り、明智光秀を討ち、さらに天正十一年（一五八三）四月には、柴田勝家を賤ヶ岳において破っている。ついで同年八月には大坂城の築城にとりかかるなど、信長の後継者としての立場を着々と固めていったのである。またこの年から朱印を用いるようになっており、秀吉自身の自己認識にも転換が見られるようになっている。

そのように着実に自らの地盤を固めていた秀吉が対峙せねばならなかったのが、天正十二年（一五八四）、信長の三男、織田信孝を擁した徳川家康との間に起こった小牧・長久手の戦いであった。結局、秀吉は、この戦いでは講和を余儀無くさせられたものの、同年十一月には従三位権大納言任官、翌天正十三年（一五八五）三月には正二位内大臣に昇格し、さらには関白へと、朝廷における最上位の立場を獲得するに至っている。

このような時期に行われたのが紀州仕置であったということは偶然ではなく、必然的なことであった。同年中には四国国分、その後、九州・小田原・奥州と次々に諸大名を圧倒的な軍事力でもって征圧し、支配下に収めている。いずれも、中世社会の秩序から最後まで脱することのできなかった信長の場合とは全く違い、「武威」[12]によって強制的に支配下に組み込むものであり、秀吉はこうした「武威」による征圧の上に近世国家の基礎を確立したのである。

この中にあって、紀州仕置は百姓を中心とした一揆と、秀吉が直接対決した最後の戦いであり、一揆に対する戦争としては最大規模の軍事動員をかけて行われている。こうしたことからも、秀吉の対百姓政策の中で紀州仕置は非常に重要な意味をもったと考えねばならない。その紀州仕置を描いた大村由己『紀州御発向之事』は、秀吉の威光を称揚し、それに敵対する紀州の一揆を悪党に見立てることで、天下の統治者であり平和の実現者である秀吉像を描き出そうとしたものである。これは明らかに一揆する者たちを「悪党」の枠組みに押し込め、秀吉政権の正当性を明示する、という意図を含んでおり、こうした秀吉政権の側で作成された物語の叙述に、秀吉の意図を読み解くことができるように思われる。そこで、以下では紀州仕置を含めて、秀吉伝記のうち、彼の天下統一事業にとって重要であったと思われる事件を描いた伝記（紀州仕置まで）を取り上げ、その叙述の特質をまとめてみたい。

第二節　秀吉伝記の形成とその性格

秀吉の伝記は、あくまで伝記であり、誇張や粉飾が多々見られるものである。しかし、そこには叙述意図というものが明確に現れており、その意図を読み解くことによって、秀吉が構想した天下の特質を論じることができよう。

秀吉の伝記には、様々なものがあり、多様な秀吉像を形成してきた。なかでも、最も一般に流布したのは『太閤記』であろう。しかし、秀吉が生きたその時代に記されたものでは、秀吉の御伽衆であった大村由己が描いた『天正記』と称される一群の伝記が、質・量ともに最も充実したものと言える。秀吉に関する伝記や軍記は、在地において創作されたものも含めると、かなり多種多様であるが、政権内部で、かつ、同時代に創作されたという点から言えば、『天正記』をおいてほかにはないのである。『天正記』は、別名を『秀吉事記』とも言うが、近世初期の史学史においてこれを検討した高柳光寿氏は、

> 右筆が作つたといふ点、読むといふ語り物として作られたといふ点、全く牛一《（太田）》の信長記と同様である。たゞ異なる点は、信長記の和文体であるのに対して、これは漢文体であることである。[13]

と、『信長記』と『天正記』の共通性を指摘している。高柳論は、これらの書物を近世史学史の立場から、史料としての価値を論じるために取り上げたのであるが、著者が問題関心を寄せるのは、むしろ、『貝塚御座所日記』『言経卿記』『兼見卿記』などの記述をもとに高柳氏が、『天正記』の性格につ

いて、「読むといふ語り物」であり、「読み物として語られたこと、正確にいへば読むといふ語り方で読まれた」と指摘した点である。ここに、『天正記』に秀吉政権の意図や構想を読み解くことのできる可能性を求める理由がある。つまり、公家や大名に対して読み聞かすものであるという性質自体、ただの伝記・記録とは異なり、秀吉政権の恣意性によって記されたストーリーにほかならないことを意味するからである。[14]

さて、この『天正記』であるが、現存しているのは、①『播州御征伐之事』（天正八年正月晦日）[15]、②『惟任退治記』（天正十年十月五日）[16]、③『柴田退治記』（天正十一年十一月吉日）[17]、④『紀州御発向之事』（天正十一年吉辰）[18]、⑤『秀吉任官記』（天正十三年八月吉日）[19]、⑥『四国御発向並北国御動座事』（天正十三年十月吉日）[20]の六本であるとされる（カッコ内の日付は、奥書にある年記）。このうち、④の『紀州御発向之事』は、『続群書類従』所収本の奥に「一本奥書　于時天天正十一年吉辰」と記されており、底本となった写本にある天正十一年（一五八三）の年記を記しているが、秀吉の紀州仕置は天正十三年（一五八五）であるから、書写段階で誤写されたものであろう。それ以外のものも、奥書の年記と内容が合致しない部分があり、いずれも成立は奥書より降るものと考えられる。

このほかにも、『今度行幸記』『金銀之記』『大政所御所労之一冊』『御産之巻』『西国征伐之巻』『若君御誕生之巻』などがあったとされるが、それらは現存していない。高柳氏によれば、流布本として太田牛一の作と伝えられる『天正記』九巻本があるが、それは牛一が由己の『天正記』をもとに和文体に改めたものであるという。ゆえに、秀吉政権樹立過程において記されたオリジナルは、由己の『天正記』以外にはないということになる。

表 4　秀吉の統一過程略年表

天正	8 年（1580）	1 月	播磨三木城攻め。
		3 月	（信長、石山戦争勅命講和）
		11月	（柴田勝家、加賀一向一揆鎮圧）
	9 年（1581）	9 月	（伊賀惣国一揆平定）
		10月	因幡鳥取城攻め。
	10年（1582）	5 月	備中高松城水攻め。
		6 月	本能寺の変。山崎の戦いで明智光秀敗れる。
	11年（1583）	2 月	滝川一益を攻める。
		4 月	賤ヶ岳の戦い、柴田勝家越前にて自刃。
		8 月	北陸諸国の国分け。
	12年（1584）	4 月	小牧長久手の戦い。
		11月	織田信雄と講和。
	13年（1585）	3 月	紀伊根来寺・粉河寺焼き討ち。太田城水攻め。
		4 月	高野山降服・武装解除。太田城降服、紀伊平定。
		7 月	関白任官。長曾我部元親を攻撃。
		8 月	佐々成政降伏。
	14年（1586）	12月	関東および奥州惣無事令。太政大臣任官。
	15年（1587）	3 月	九州攻めに出立。
		5 月	島津義久降伏。
		6 月	九州国分け。朝鮮国王の来日を求める。キリスト教追放命令。
		9 月	（佐々成政の検地などに対し、肥後国人一揆）
	16年（1588）	4 月	後陽成天皇、聚楽第行幸。
		7 月	刀狩令・海賊停止令。
	17年（1589）	7 月	（琉球王尚寧島津義久と共に上京）方広寺大仏鋳造。
	18年（1590）	3 月	小田原攻め。
		4 月	小田原城攻囲。
		6 月	（伊達政宗、小田原参陣）
		7 月	北条氏降伏。奥州仕置。
	19年（1591）	2 月	（千利休自殺）
		8 月	フィリピンに朝貢を要求。
		9 月	朝鮮出兵発令。
	20年（1592）	3 月	名護屋へ向かう。文禄の役。
		5 月	（小西行長・加藤清正、京城を占領）

さしあたり、現存しているものを見てみると、①は播磨国三木の別所長治との戦い、②は明智光秀の征伐、③はそれに続く柴田勝家との戦い、④は紀州根来寺および雑賀一揆征伐、⑤が関白任官、⑥が四国国分、といった具合に、信長政権末期から秀吉が統一権力として諸勢力を従え、武威の矛先を朝鮮に向けるまでの非常に重要な時期のことを記したものであることがわかる。この時期の秀吉に関わる重要な事件を掲げておくと、表4のようになる。

第三節　『天正記』の構成と特徴

では以下において、この『天正記』の構成と特徴を確認し、そこに込められた秀吉政権の意図、由己の叙述意図を読み解きたい。

1　『播州御征伐之事』

まず、天正十年（一五八二）の播磨三木攻めを描いた『播州御征伐之事』においては、どのような特徴が認められるであろうか。この物語は「抑播磨東八郡之守護、別所小三郎長治、対㆓羽柴筑前守秀吉㆒、尋㆓矛盾之濫觴㆒」という文言から始まる。ここでは、信長の命を受けて中国攻略に赴いた部将、筑前守としての秀吉と、播磨八郡守護の別所長治との戦いという設定である。この事件は、長治の伯父である別所山城守賀相が長治を語らい、秀吉に敵対したことに発端があったとされる。

その戦いの中で、別所方の長井氏を攻め、猛攻を加えた上、降服した長井に対し「秀吉、行㆓弓矢墓一、赦北レ之、」とあり、赦免を行ったことが記される。また一方では、三木城攻めにおいて大将分および芸州衆・紀州衆ら侍の「七八百積二上首墳一被レ置」、「其余撫切打捨不レ知レ数」という徹底戦をはかったという。これは、長井に対する赦免策とは正反対の処置である。ここに、撫切りと赦免という対極の処置が秀吉政権の基調としてあったこと、あるいはそれを演出しようとしていたことが窺われよう。ちなみに、その後、長治が降服した際に差し出された文書を由己は載せている。

唯今申入意趣者、去々歳以来、被二附置一敵対之条、連々其理可二申分一心底之処、内輪之面々替二覚悟一之間、不レ及二是非一某等両三人之事、来十七日申刻可二切腹一相定畢、然至二于今一相届諸卒悉可二討果一事、不便之題目也、以二御憐愍一於レ被二扶置一者、可二畏入一者也、仍此等之趣無二相違一様、仰二御披露一、恐々謹言、

正月十五日
別所彦進友之
別所山城守賀相
別所小三郎長治

浅野弥兵衛尉殿
別所孫右衛門尉殿

これを受けた秀吉は感嘆し「可レ相二扶諸士一由有二返答一」と決定したとする。結局、長治が自害した翌日、秀吉は「不レ違二先約一、城内士卒悉被レ扶レ之、」という措置をとり、落城後の三木は「人々構二屋敷一、双二門戸一、不レ経レ日立二数千間之家一、皆人所レ驚二耳目一也、」といった繁栄を誇ることになったと記すのである。またここで、「或人曰」として由己は、秀吉の十徳なるものを掲げている。それは、

「君有二忠臣一、臣有二賞罰一、軍有二武勇一、民有二慈悲一、行有二政道一、意有二正直一、内有二智福一、外有二威光一、聴有二金言一、見有二奇特一」というものであった。かかる徳を具える秀吉は、「是誠人間抜群之主、仰而可レ仰、将軍家長久繁栄之基也」であると結ばれる。

以上のような『播州御征伐之事』の叙述から看取できるものとして、戦時における撫切、打捨といった強硬手段と、それとは逆の赦免といった政策の描写があることを指摘しておきたい。これは後の作品にまで踏襲される由己の論法であるが、秀吉が、戦前・戦中の撫切策と事後の懐柔策という二段構えを政策の基調としていたことが明らかになる。

2 『惟任退治記』

続いて、秀吉が自らの政権を樹立するにあたって重要だったのは、本能寺の変による信長の死去、そして明智光秀との戦いである。これを描いたのが『惟任退治記』である。この書は、世の無常が語られた後、「抑贈大相国平朝臣信長公、棟二梁于天下一、塩二梅于国家一」と、天下の棟梁である信長について言及がなされる。続いて、中国へ遠征していた秀吉のもとに光秀が軍使として赴いた時の事情について「惟任奉二公儀一、揃二二万余騎之人数一、不レ下二備中一、而密工二謀叛一、併非二当座之存念一、年来逆意、所二識察一也、」と記し、すでにこの時には、光秀が「謀叛」を企てていたとする。信長を討った光秀はその後、「移二安土山一、入二御殿一登二楼閣一、此先集置数奇道具、天下重宝金銀珠玉、錦綉綾羅類、悉執二拗之一」したとあり、謀叛者、財宝に心を奪われた光秀という人物像を決定的にする。

『惟任退治記』は、光秀をこのように描くことによって、謀叛人に対し弔い合戦を挑む忠義の臣としての秀吉像を対置するという構造をもっている。いわば秀吉は、大義に基づく戦いを保障されたことになるのである。由己にとっては、謀叛人光秀と、忠臣秀吉と、この両者の対比を描き、秀吉政権の正当性の前提を主張することが重要だったようで、光秀が討たれるまでの過程については、ほとんど描写がない。このことは、あるいは、その状況が不分明であったという当該期の事情をよく反映した結果であるかもしれないが、いずれにせよ、この事件により、秀吉が主君の仇を討った戦いであるという大義名分が創出されたのである。これを由己は「寔是天哉命哉」と記しており、秀吉の行動が天命によるものであったと位置づけている。天命によって、主君信長の仇討ちを行った秀吉は、その後、信長の葬礼を執行したが、そこに集った人々は「貴賤如二雲霞一」であったという状況を述べ、『惟任退治記』は結ばれている。

このようにみると、『惟任退治記』は、その重点が光秀の謀叛ということよりも、むしろ、謀叛人を討ち、「于天下棟梁」たる信長の仇を討つというストーリーを描くことで、のちに現れる秀吉の「天下」の存在理由を示す伏線を張るものであったと言えよう。そして、のちに形成されていく秀吉の天下が、天命によって保障されたものであったということが、本物語の根幹に据えられているのである。

3 『柴田退治記』

『柴田退治記』では「抑羽柴筑前守秀吉者、天正十年十月十五日、相二勤将軍御葬礼一、以来帝都坤角山崎上拵二一城一、直下五畿内、相二鎮生民一」と始まる。まず、ここでは将軍（＝信長）の葬礼を勤めたことが記され、その後に、「相二鎮生民一」する秀吉像が提示される。第一に、正統なる信長の後継者としての秀吉、さらに徳によって人民を治める秀吉という存在規定がなされるのである。これに対して、のちに敵対する織田信孝（三七郎）は、「信孝心不二許容一、剰内々企二敵対之計策一者也、此時柴田修理亮勝家、令二同名伊賀守勝豊一謀レ之、」と位置づけられる。その後、信孝が秀吉と和与したことでいったん静謐をみた状況下で、秀吉は播州姫路へ元日から赴いたとされ、「諸国之大名・小名連レ袂続レ踵、車馬門前成レ市、朝向レ礼者尽二親愛一、夕対二近習一説二政道一、天下之工夫昼夜不レ遑」と、親愛の交わりを結び、昼夜に天下の工夫をめぐらす姿が示されている。その後、秀吉は信忠を安土に移すことになるが、そこでは「国々之諸侍調二礼儀一専尊仰、恰如二将軍御在世之時一、誠君臣之礼、諸人之所レ感也」と述べられるように、秀吉によって信長生前のごとくに君臣の礼が再興されたこととなる。

ついで、秀吉の侵攻に場面描写は移り、滝川一益を攻めた場面が描かれる。「柴田・瀧川一統議定」は「可レ覆二天下一」ものであるとされる。秀吉は柴田との戦いにおいて命を落とした中川瀬兵衛尉清秀のことを聞き、「清秀被レ討之条、哀憐尤深、」と、臣の戦死を歎いている。また勝家との戦いにおいて、勝家が窮地に陥った際のことについては「香餌之下必有二懸魚一、重賞之下必有二死夫一」[21]という姿勢で勝家が奮起し、戦ったと記されている。勝家の最期にあたり「秀吉所レ惜二英雄一、今此時所レ用乎、天下弓矢今日所二相究一也」と、この戦いが「天下弓矢」とも言うべきものであったと評価が下されている。

また、ここでも、戦後処理の様子が記される。勝家の党類が滅亡した天正十一年（一五八三）四月二十四日の翌日、加賀に出馬、「叛者討レ之、降者近レ之、山川澗岳難所之地、如二草葉随一レ風、一篇帰服、（中略）北陸新属之国々改レ掟専二政道一」となり、織田信孝も自刃するに至るが、これを由己は「以二逆心一相亡事、不二天命一乎、」としたのである。その後、秀吉は「此数年成レ労積レ功諸侍多レ之、以随二其忠之浅深一、宛二行国郡一者也、国々之諸城、或破二却之一、或疎二鑿之一、先輩過半易レ地、別遣二領知一」とあり、この一連の戦いによって、秀吉政権の基礎固めができたことを物語っている。

　戦いに勝利した秀吉が大坂に本拠地を移すのは天正十二年（一五八四）八月のことであるが、その時点を由己は「此先争レ権妬レ威輩、如レ意令二退治一、為二秀吉一人之天下一事、快哉快哉、是併所レ致二武勇智計一也、寔国家太平此時也」、「弥於レ専二政道一、撫二育人民一者、非二千秋長久之濫觴一乎、至祝万幸」と記している。先の『播州征伐之事』においては秀吉の天下なるものは現れていないが、ここに至って、意のままに成敗を加え、「一人之天下」を実現した秀吉像が描かれることとなったのである。

4　『紀州御発向之事』

　こうして獲得してきた、もしくは、獲得したと描かれた秀吉の天下であるが、それは天正十二年段階では、まだ信長在世時の旧体制ともいうべき状況において成立しえたものであり、それが、名実ともに秀吉のものとなるのは天正十三年（一五八五）のことである。この年は日本の中世から近世への転換を見るにあたって非常に重要な年であった。小牧・長久手の戦いを終えた秀吉が向かったのが、紀伊の根来寺や紀州惣国などの在地勢力であった。このことを記したのが、『紀州御発向之事』である。「一天風治四海波穏、于レ時内大臣平朝臣秀吉公、威光輝二万古一、名誉伝二八荒一、日域之外、亦無二敵者一、況近国乎」という修辞に満ちた書き出しで始まるこの伝記は、これまでのように武士を対象としたものではなく、一揆の「退治」を記録したもので、他の伝記に比して内容的には相当異なる点がある。

『紀州御発向之事』は、先に挙げたような修辞によって始まっているが、これはまさに、天正十三年に至るまでの、秀吉の天下獲得の土台の上に記されたものであることを物語っていよう。紀州「征伐」の濫觴は、信長にまで遡ると由己は言う。「悪一揆之凶徒」を討たんとした信長が、「楚山之嶮、蜀川之難」である「節所」の紀州に対して、五、六万の兵で押し寄せたが、結局、「調略」するのみに終わらざるをえなかった過去があった。その後、秀吉が政権を執るにあたっても、紀州衆は大坂城の背後に位置する泉州岸和田へたびたび乱入しており、「動二令蜂起一成レ怨者也、国国又属二平均一、則雖レ致二降参一、不レ許レ之」と決断したとする。

秀吉は三月二十一日に動座（出兵）、紀・泉境界に構えられた城砦を次々に落としていく。ここで、秀吉がとった方針は、「吐二刎一揆之首一」、「北《(逃)》者追着追着、云二撫切一者悉討果、」という徹底したものであった。その後、根来寺が炎上、雑賀の本拠地に入り、ここで「致レ懇二望帰参一」した玉置・堀内・神保らの在地勢力を味方とし、ついで太田城の水攻めに向かう。以下では、この太田城水攻めを由己がどのように描いたのかを見てみよう。

由己は「大田在所」を「土民百姓住居之地也」とし「雖二国次如レ此、全無レ科之由、以レ理侘言申之間免レ之」と記す。「土民百姓」らには罪なく、彼らが「侘言」を申し入れたので、許したというのである。そして、ここで「征伐」しようとしているのは、「従二所所一北二集彼在所一悪党等」であったとする。しかし、これは秀吉側によって創り出されたものである。実際には、百姓が中心となって、太田の在所に籠っていたのである。この改竄は、由己の文章内において齟齬として表れている。「（悪党らが）往還之陣夫荷物以下、奪二取之一、狼藉旨、達二上聞一、上大怒尤甚、諸陣俄廻レ触、悉可二打果一御諚也、乍レ去在家要害不レ浅、鉄砲数多、急攻則可レ損二人数一、対二土民一失レ侍事無レ詮、唯水責而、可レ成二鱗之餌食一」ということで水攻めをすることになった、と記しているのであるが、許したはずの「土民百姓」を討つということからみても、「土民百姓」を当初から許していたという事実は認められないのである。

水攻めは約一月にわたって行われ、蜂須賀正勝・前野長泰らが開城に向けて密交渉を行ったのち、降伏・開城となる。この際、秀吉に対する一揆側の「侘言」を提出すること、途中で切れた堤の修復の後でなければならない、という条件が付されていた事実もまた、この開城が秀吉側の意図によって周到に演出されたものであったことを示しているのである。開城から戦後処理に至る過程も同様で、城中からの「侘言」を受けた蜂須賀らが、その旨を「言上」、それに対して秀吉が「然者扶二無レ過土民一、撰二出有レ罪悪党一、得可二誅罰一御諚、切悪人五十余人首掛磔、召直残百姓、専耕作者也」との「御諚」を申し付けたとある。試行的であったとはいえ、秀吉による惣無事と国分に基づく天下構想が試されたのがこの紀州仕置であったと言えよう。由己の『紀州御発向之事』は、その構想を如実に反映した叙述で描き出している。すなわち、秀吉に敵対する悪党への徹底的な武力行使、武士とは異なる土民百姓の確定、そして秀吉に従う者に対して保障される秀吉の平和。これらはすべて、秀吉の天下構想の中において理解されうるものなのである。

第四節　著者大村由己と、その思想的背景

以上、由己の主要なる著作をみてきたが、いずれも当該期における秀吉の天下構想、政治的意図を如実に、しかも、文学的な修辞をもって表現したものであった。また、これが高柳氏の指摘どおり、公家や武家の間で「語」られたものであったとするならば、なおさらその意味は重いものとなろう。秀吉による天下形成の過程にあって、一連の物語＝『天正記』が創作されたことは、必然的なことであったと言わざるをえないのである。ところが、こと、作者の由己に目を移すと、その来歴や事績には意外に不明な点が多く、人物像が見えてこない。御伽衆であったことや、当該期の「外典第一」の人物であったことぐらいしか知られておらず、研究も数えるほどしかない。ここでは紙幅の都合もあるので、詳しいことは述べることができないが、若干、彼の学問的・思想的な背景を知ることのできる研究が、庵逧巖氏や小高敏郎氏によってなされているので[22]、それらの研究に拠りつつ、その概略を確認しておきたい。

大村由己は、『天正記』の奥書などから、播州三木の出身であるとされる人物である。彼の出身三木は近世儒学の祖である藤原惺窩の出身地と同じ地であるが、両者の共通性は本貫地だけに止まらず、学問においても同じ轍の上を歩いた軌跡が窺える。小高氏がすでに着目し、明らかにしたところではあるが、松永貞徳が門人に編ませた『鷹筑波集』に「此由己は、相国寺仁如和尚の下にて丸が父と同学せられし故、後まで如兄弟有し、丸を子に養たきと申され、太閤御所の御前の執筆なども仕しも、

皆此人の引級也、其世にかくれなき大才の人、歌道達者にて、幽斎・由己とよばれ給ひし事、今のやうにぞ侍る」[23]とある。注目されるのは、由己が松永貞徳の父と兄弟弟子のごとき関係のある同門の仲間であったこと、さらに彼らの師が仁如集尭であったこと、このことだけでも、由己の思想的背景がおぼろげながら浮かびあがってくる。藤原惺窩もまた相国寺で禅学を学び、その後、日本近世思想において多大な影響を与えることになるのであって、これらのことは、けっして偶然とは言えない事実である。仁如集尭の弟子には西笑承兌もおり、彼は秀吉政権、徳川政権、双方において非常に重要な役割を果たした人物である。大仏殿（方広寺）における大仏供養の導師を勤め、豊臣政権下の外交文書に関しても取り仕切り、朝鮮侵略における対明国書執筆の責任者でもあった。のちには徳川家康に重用され、引き続いて外交顧問的役割を果たしたとされる。いわば、豊臣政権・徳川政権双方のブレーンと位置づけられる人物である。[24]

このように、仁如門下の人物たちが、ある者は僧侶として、ある者は儒学者として、それぞれの道を歩みつつも、近世日本の思想的骨格を形成し、かつ政治の場においても、そのあり方、構想に相当の影響を与えていたとするならば、大村由己もまたその流れの中に位置づけられるべきであろう。

ここで、先に掲げた『播州御征伐之事』において由己が「或人曰」として引いた秀吉の「十徳」に目を戻してみたい。その中に「見有㆓奇特㆒」という文言がある。これらはいわば俗諺的なもののように考えられるが、「見有奇特」に関しては、同じ文言を記すものがある。『象山語録』巻三[25]の中に登場するのであるが、この『象山語録』とは、陸九淵の語録として記されたものである。陸九淵は南宋時代の思想家で、兄は朱熹（朱子）とも親交のあった人物である。彼の思想はのちに、王陽明の陽明学へと系譜がつながっていくのである。

もし、由己がこれらの思想的背景を十分に知った上で（その可能性が高いと考えるが）『天正記』を描いたとするならば、そしてそれが「語り」を前提に書かれたものであったとするならば、秀吉政権の性格に関しても多大な影響を与えるものであったと考えざるをえない。本稿では、そこまでの用意はないので、詳細な考察に関しては機会を改めるとしても、十五・十六世紀に形成された東アジア的思想世界の枠組みの中に、秀吉政権の戦略なり構想が位置づけられる必要性を強調しておきたいのである。

おわりに

以上、秀吉による紀州仕置の意義を太田城水攻めの事例から確認し、さらに、それを秀吉の天下構想の中において位置づけることを、『天正記』の分析を通じて試みた。秀吉による紀州仕置によって、中世社会における一揆は、最終解体を迎えることとなったと言える。この点は、信長の一向一揆との戦争における帰結のあり方とは際立った違いを示している。信長は禁裏を中人として中世社会法秩序の中でしか戦争を終結しえなかったが、秀吉は、自らの武力において、完全に百姓を制圧したのである。

そして、紀州仕置も含めた秀吉の天下統一事業の過程を描いた由己の『天正記』から、秀吉の天下構想、あるいは、描かれた秀吉像があったことを明らかにした。『天正記』はまさに、秀吉の天下構想に基づいて、一つひとつの戦いを意味づけるとともに、その濫觴から結末までを公家や諸大名に語ることによって、秀吉の天下という物語を展開していったのである。これも、信長段階ではできなかったことであろう。

秀吉の天下構想は、その後の文禄・慶長の朝鮮侵略に至るまで一貫している。そして強調しておきたいのは、その秀吉の天下構想が創出される背景にあったのが、たとえば由己に見られるような、大陸で生み出された思考であったという事実である。思想的な側面における秀吉政権の基調が、日本近世社会の思想的基礎を成す朱子学などに大きな影響を受けるものであったことは、秀吉政権を位置づける上において、見落としてはならない重要なことであろう。

註

（1）藤木久志『豊臣平和令と戦国社会』（東京大学出版会、一九八五年）。

（2）稲葉継陽・榎原雅治編『村の戦争と平和』（中央公論社、二〇〇二年）。

（3）藤木氏は自力の惨禍からの解放という視座でこの問題をとらえている。藤木久志「補論　移行期村落論」（同『村と領主の戦国世界』、東京大学出版会、一九九七年）など。

（4）中世から近世への転換期に在地社会が断念させられたもの、中世から近世への断絶といった視点から、酒井紀美氏などが着目している。酒井紀美『日本中世の在地社会』（吉川弘文館、一九九九年）。

（5）信長の紀州攻めに関しては、別に論じる必要があるが、笠原一男『一向一揆の研究』をはじめ、近年では神田千里氏・金龍静氏などが発展的に研究を進めている。神田千里『信長と石山合戦　中世の信仰と一揆』（吉川弘文館、一九九五年）、同『一向一揆と戦国社会』（吉川弘文館、一九九八年）、金龍静『一向一揆論』（吉川弘文館、二〇〇三年）。

（6）紀州惣国についてはじめに注目したのは石田晴男氏であるが、それ以後多くの研究成果が蓄積されている。それらについてすべて挙げることはできないので、川端泰幸・坂本亮太・野田阿紀子「紀州惣国研究の課題と展望」（『和歌山地方史研究』四六号、二〇〇三年）を参照されたい。なお本書第三章にて紀州惣国を取り上げ、検討している。

（7）入間田宣夫「中世国家と一揆」（同『百姓申状と起請文の世界』第七章、東京大学出版会、一九八六年、初出一九八一年）。また近年、中世社会を一揆の時代であったとみる見解が、榎原雅治編『一揆の時代』（日本の時代史一一、吉川弘文館、二〇〇三年）でも再度評価されている。

（8）太田城水攻めの規模などについての研究が近年進められ、水攻めの具体像が明らかになりつつある。宇民正・宮田順吉「「太田城水攻め」の土木技術面からの見直し」（『紀州経済史文化史研究所紀要』第二七号、和歌山大学紀州経済史文化史研究所、二〇〇六年）。

（9）小林清治「「奥羽仕置」と豊臣権力」（『織豊期研究』第二号、二〇〇〇年）。

（10）藤木註（1）前掲書。

（11）播磨良紀「太田城水攻めと原刀狩令」（津田秀夫先生古稀記念会編『封建社会と近代』、同朋舎、一九八九年）A論文。なおこの他、紀州惣国に関する研究として、同氏「雑賀惣国と織豊政権の戦い――雑賀惣国の結集を中心に――」（『和歌山地方史研究』四六号、二〇〇三年）B論文が挙げられる。

（12）この点について、朝尾直弘氏が近世の「公儀」権力が「武威」を第一義とした権威であったことを指摘している。朝尾直弘「幕藩制と天皇」（同『将軍権力の創出』、岩波書店、一九九四年、初出一九七五年）。

（13）高柳光寿「近世初期における史学の展開」（『高柳光寿史学論集』下、吉川弘文館、一九七〇年）。

（14）たとえば、『貝塚御座所日記』（真宗史料集成第三巻、同朋舎、二〇〇三年、初版一九七九年）の天正十三年七月十日条に「中嶋天満宮会所ノ由己ト云人、始而御礼ニ被参ナリ、御対面、新門様御同前也、依御所望、新門様御前にて、由己作ノ軍記ヲヨマル、也、一番、別所小三郎兄弟腹切諸卒ヲタスクル事、二番、惟任日向守謀叛信長御父子御最後其日体事、三番、柴田修理亮ト江北ニテ合戦秀吉御本意事」とあり、三番に分けてこれが語られたことがわかる。

（15）大村由己『播州御征伐之事』（『群書類従』三九九）。別書名として『三木征伐記』『別所惟任征伐記』『播州征伐記』『播磨別所記』などがある。
（16）大村由己『惟任退治記』（『続群書類従』二〇輯下）。
（17）大村由己『柴田退治記』（『続群書類従』二〇輯下）。別書名として『柴田合戦記』『柴田退治』などがある。
（18）大村由己『紀州御発向之事』（『続群書類従』二〇輯下）。別書名として『紀州御発向記』『太閤紀州発向記』『根来記』などがある。
（19）大村由己『任官之事』（『続群書類従』二〇輯下）。別書名として、『太閤任官之記』『太閤任官之事』などがある。
（20）『四国御発向並北国御動座事』（『続群書類従』二〇輯下）。別書名として『四国御発向並北国御動座之記』がある。
（21）この文言は「香餌之下有死魚、似重禄之下有死士也」という『六韜』の言葉によったものと考えられる。
（22）庵逧巌「大村由己と藤原惺窩」（『日本歴史』三六五号、一九七八年）。
（23）『貞門俳諧集』（日本俳書大系第六巻、日本俳書大系刊行会、一九二六年）。
（24）西笑承兌の役割などについては、伊藤真昭「大和の寺社と西笑承兌」（『佛教史學研究』四二―二号、二〇〇〇年）、同「関ヶ原の戦い以前の西笑承兌」（『戦国史研究』四五、二〇〇三年）などが詳細に論じている。
（25）『象山語録』第三巻（『四庫全書』集部・別集類）。

結章

ここまで述べてきたことを簡単にまとめて、今後の課題と展望を示しておきたい。まず、中世地域社会における公は、在地の側、あるいは国家とは異なる地点において形成されるものであるが、その正当性は宗教によって保障されるものであることが明らかになった。

また、その公の行動形態としての一揆は、多種多様な階層を巻き込みながら展開し、やがて、織田信長との間に十一年にわたる戦いが繰り広げられるに至るのである。一揆自体は、流動的で可変性をもつものであるから、当然のことながら、あらゆる形態の一揆が現れる。土一揆も、惣国一揆も、また一向一揆も、すべて一揆である。しかし、元亀・天正の十一年間の一揆は、同じ一揆とはいっても、その規模がほかのものとは全く異なっていた。第五章で明らかにしたように、畿内のみならず、東国・西国の諸大名、諸々の地域権力を糾合して展開したのである。十一年にわたる戦争の結末は、勅命講和という形式をとるものの、本願寺の存続は、大坂の地を本願寺が退去するという条件によって認められたものである。（親鸞）聖人御座所たる大坂の地は、聖地であったわけであるが、聖地大坂を明け渡したということは、一向一揆の敗北であったと言える。本願寺が近世になっても存続したのはなぜか、という疑問は神田千里氏らが指摘するところであるが、現実的に残った、存続したということと、一向一揆の敗北ということは、けっして相反するものではないと考える。結果的に、本願寺は権力との間に協定を結んだのであるが、それが順調でなかったことは第四章で見たとおりである。大坂退去によって一向一揆がやがて収束していったのであれば、聖地大坂守護という問題が、信長との間に戦われた十一年間の一向一揆の根本課題であったということになる。顕如は、存在意義に関わる聖地大坂守護の論理を転換している。つまり、聖地大坂守護ではなく、仏法相続と親鸞聖人（像）守護のための大坂退去という論理である。この論理転換によって、一向一揆の戦いは終わったのである。そこから本願寺は、一揆という行動形態を放棄している。

それにしても、一向一揆は、他の一揆に比して、それほどまでに強固な戦いをどうして展開したのであろうか。そのことに十分な答えを出すことは、今のところできないが、可能性として挙げておくならば、やはり、一向一揆の正当性、すなわち公性を裏打ちする宗教の問題にあるのではないかと思われる。本願寺・一向一揆を展開させ、あれだけ多くの門徒を動員しえた背景には、檄文などに見られる法語の文言がある。後生の一大事を強く説き、大坂退去ということになれば仏法破滅につながるという論理がなければ、多くの門徒を動員することは不可能であったろう。つまり元亀・天正の一向一揆の時期には、この救済論理、もしくは仏法破滅の論理、といったものが非常に強く、かつ明確に一向一揆の成員に伝達されたのである。他の一揆の場合でも、神水を呑むなどの作法、あるいは、氏神・鎮守の承認を得て形成されるという宗教性は確かにあるが、一向一揆のように、一揆へ動員する論理は成熟していない。その意味で他の一揆と一向一揆は異なるとも言える。

一向一揆敗北の後、秀吉の天下統一過程において、天正十三年（一五八五）の仕置が行われる。根来寺・粉河寺・高野山など、戦国期に武力をもち、守護などと比肩しうるだけの力をもっていた寺社が、この段階で敗北、もしくは帰順したのである。そして何よりもこの紀州仕置で重要なのは、秀吉によって惣国が解体されたことであろう。すでに第六章で再三強調したように、秀吉の天正十三年紀州仕置は周到に計画されたものであり、諸大名・公家らに、見せる、あるいは語り聞かせるためのものであった。このことを過少に評価してはならない。一カ月間にわたる籠城戦の終結後、秀吉がとった行動は、あるべき百姓像の提示であり、憐れみ深き領主としての秀吉像の提示であった。これ以外にももちろん、国人一揆などの一揆に対する戦いも行っているが、その象徴的性格において、天正十三年紀州仕置は、中世的一揆の終焉ともいうべき事態だったのである。

第一章、第二章で見たような在地の公に基づく地域秩序形成、さらにそれが能動的になった際の運動形態としての一揆は、やがて一向一揆、惣国一揆といったものへと展開していくのであるが、では、一揆とはいったい何であったのか。信長・秀吉の統一権力においては、なんとしても克服しなければならないものであったわけであるが、それは一揆という行動形態が、国家的な支配体系とは異なる共同体を生み出すからである。少なくとも、秀吉が提示した武士像と百姓像との違いから見れば、一揆という行動形態は、受容することができないものである。それは信長においても同様であったろう。

とすれば、一揆とは国家の支配体系と時に対立する危険性を孕むものであるということになる。一向一揆の場合をみてもわかるように、その広範な広がりは、大名間抗争などとは異なる性質をもっている。しかし、結局のところ一揆にも限界があった。それは、時限的であるという性質と、目的の中に国家を相対化するだけの思考を有していないという点である。ある意味でそれは、下からの公の限界であり、オオヤケとしての公の枠組みから脱することができなかったのである。唯一、元亀・天正年間の一向一揆にのみそれを突破する可能性はあったが、最終的な論理の転換（聖人御座所の大坂守護から聖人〈影像〉守護）において敗北した。

このようにしてみると、下（民衆）からの公と、オオヤケとしての公との衝突の過程が、中世から近世への転換点においてあったと言えるのである。在地の側で形成された公は、一向一揆の敗北、紀州惣国の敗北を経て、やがて徳川将軍権力の近世的な公儀へとつながっていくのである。

初出一覧

本書は二〇〇四年秋に大谷大学に提出した学位請求論文「日本中世の地域社会と一揆」をもとに、大幅に再構成、内容改訂を加えたものである。内容が相当に変わっているが、以下に初出一覧を掲出する。

序　章　本書の課題と構成（新稿）
第一章　村落寺社と百姓・領主――地域社会の公と宗教――
原題「中世地域社会と村落・公・宗教――紀伊国相賀荘柏原村西光寺を素材として――」（『大谷大学大学院研究紀要』一九号、二〇〇三年）＊部分改訂
第二章　紀ノ川河口部における神事と地域社会秩序――日前国懸神宮年中行事を素材に――（二〇〇六年）
原題「紀ノ川河口部における神事と地域社会秩序――日前国懸神宮年中行事を素材に――」（『日本史研究』五二九号、二〇〇六年）＊部分改訂
第三章　紀州惣国の形成と展開
原題「紀州惣国の形成と展開」（『大谷大學史學論究』七号、二〇〇一年）＊部分改訂
第四章　戦国期紀州門徒団における年寄衆の性格
原題「戦国期紀州門徒団における年寄衆の性格」（『眞宗研究』四七輯、二〇〇三年）＊大幅に加筆

修正

補　論　「石山戦争」概念について（新稿）

第五章　石山戦争と海の地域社会

原題「大坂本願寺戦争をめぐる一揆と地域社会」（大阪真宗史研究会編『真宗教団の構造と地域社会』、清文堂出版、二〇〇五年）＊部分改訂

第六章　天正十三年紀州仕置と秀吉の天下構想（新稿）

なお、このほかに本書と関連のある論稿として、以下のものがある。併せてご参照いただきたい。

○「近世初期における真宗教団土着の論理――『鷺森旧事記』の叙述――」（大桑斉編『論集仏教土着』、法藏館、二〇〇三年）

○「和太荘の構造と日前宮寺社ネットワーク」（海津一朗編『和歌山平野における荘園遺跡の復元的研究――中世日前宮領の研究――』、文部省科学研究費報告書、二〇〇六年）

○書評「金龍静著『一向一揆論』」（『日本史研究』五二六号、二〇〇六年）

○書評「苅米一志著『荘園社会における宗教構造』」（『佛教史學研究』四九巻一号、二〇〇六年）

あとがき

本書は、序章でも述べたとおり、二〇〇四年の秋、著者の出身大学である大谷大学に提出した学位請求論文を基にしている。とはいえ、内容的には随分と当初と変わっている部分もある。書こうとすればするほど、かつての文章を手直ししたくなった。しかし、何事もこだわりはじめるときりがない。現時点までの研究成果、見解ということを自らに言い聞かせて、どうにかこうにかまとめあげることができた。

本書のような研究を行うようになった始まりは、草野顕之先生（真宗史）のゼミで『中世政治社会思想』を講読する中で、「在地の大法」を担当したことにあるように思う。白文と読み下しの両方が揃い、語句の註も非常に充実したテキストであったが、当時の私は、何が何やらさっぱりわからず、（くずし字だけでなく活字も）史料が読めないことに相当苦労した。やがて、大学院に進学し、大桑斉先生のゼミで指導を仰ぐことになった。大桑先生は大変に厳しかったが、指導は非常に丁寧だった。私の何を言いたいのかわからない修士論文計画報告を聞きながら、「これは、こういう風にすればいい」と道筋を示していただけた。このあたりから、研究の面白さというものが少しずつわかるようになっていったように思う。

大谷大学の大学院ゼミは、国文学・日本史が合同で行う形式をとっており、発表をすると、論旨や内容の問題について、大桑先生から厳しい指摘が飛ぶとともに、史料の読み方や解釈について、大山喬平先生が笑顔で、しかし、すぐに答えることのできない鋭い質問を出されるといった様子で、緊張感溢れる、しかし楽しい場であった。

やがて博士後期課程に入ってまもなくだったと思うが、私が研究しているテーマであった惣国について、郷里和歌山において研究会が開催されるとの情報を知り、参加した。なかなか、それまで外の学会や研究会に赴くことがなかっただけに、おそるおそるの参加だったが、そこで海津一朗氏に出会い、その夏には、名手荘の荘園調査にお誘いいただいた。炎天下の中、数名で惣墓の調査を行った。フィールドとはこういうものか、と実感した。その後、「和歌山平野における荘園遺跡の復元的研究」に参加させていただき、多くの先輩研究者と出会う機会をいただいた。自分自身の未熟さからか、なかなか十分な成果を出すことはできなかったが、この一連の出会いの一つひとつは私にとってかけがえのないものである。

二〇〇五年度からは、二年間、大谷大学で任期制助手の職に就く機会を与えていただいた。総合研究室という広い空間、ワンフロアーに全学科の助手と学生が集まる環境の中で、学生の皆さんの研究活動をサポートする傍ら、自分の研究活動に打ち込むことができた。また同僚である他分野の助手の皆さんと、「総合研究会」と銘打って開催した研究会からは、多くのものを得ることもできた。一日一日が、私自身にとって忘れがたい出会いの連続だった。今こうして拙い一書をまとめられたことも、この出会いの上にある。

ところで、本書に収めた論文のほとんどが、和歌山を舞台にしている。必ずしも意識していたわけではないが、気がつけば、郷里を素材にして論文を書いていたようである。宮井用水から水を田圃に引き込みながら、濃緑の苗を家族で植えた光景が、今も原風景として私の心に焼きついている。本書を通して、これまでの歩みを総括できた。これからは、その反省の上に新たな研究に進んでいきたいと思う。このように、私に研究の道を許し、また見守りつづけてくれた父・巌、母・幸子、祖母・きぬ子、兄・清誠をはじめ家族に、そして、小学校の頃より私を励ましつづけてくださった恩師に、心よりの謝意を表したい。

最後に、拙い私の文章を、一書にまとめることを勧めてくださった大桑斉先生、そして、出版の機会を与えてくださった、法藏館の西村七兵衛社長、上別府茂前編集長、編集を担当くださった辻本幸子氏に御礼申し上げます。

二〇〇七年三月三十一日

川端泰幸

日本仏教史研究叢書刊行にあたって

仏教は、普遍的真理を掲げてアジア大陸を横断し、東端の日本という列島にたどり着き、個別・特殊と遭遇して日本仏教として展開した。人びとはこの教えを受容し、変容を加え、新たに形成し展開して、ついには土着せしめた。この教えによって生死した列島の人々の歴史がある。それは文化・思想、さらに国家・政治・経済・社会に至るまで、歴史の全過程に深く関与した。その解明が日本仏教史研究であり、日本史研究の根幹をなす。

二十世紀末の世界史的変動は、一つの時代の終わりと、新たな時代の始まりを告げるものである。歴史学もまた新たな歴史像を構築しなければならない。終わろうとしている時代は、宗教からの人間の自立に拠点をおいていた。次の時代は、再び宗教が問題化される。そこから新しい日本仏教史研究が要請される。

新進気鋭の研究者が次々に生まれている。その斬新な視座からの新しい研究を世に問い、学界の新たな推進力となることを念願する。

二〇〇三年八月

日本仏教史研究叢書編集委員

赤松徹真　大桑　斉
児玉　識　平　雅行
竹貫元勝　中井真孝

川端　泰幸（かわばた　やすゆき）
1976年和歌山県に生まれる。1998年大谷大学文学部史学科卒業、2003年大谷大学大学院文学研究科単位取得満期退学。現在、大谷大学非常勤講師。大谷大学博士（文学）。
主な論文に「大坂本願寺戦争と海の地域社会」（大阪真宗史研究会編『真宗教団の構造と地域社会』清文堂出版、2005年）、「紀ノ川河口部における神事と地域社会秩序――日前国懸神宮年中行事を素材に――」（『日本史研究』529号、2006年）等がある。

日本仏教史研究叢書
日本中世の地域社会と一揆
――公と宗教の中世共同体――
二〇〇八年二月一五日　初版第一刷発行
著　者　川端泰幸
発行者　西村七兵衛
発行所　株式会社　法藏館
京都市下京区正面通烏丸東入
郵便番号　六〇〇-八一五三
電話　〇七五-三四三-〇〇三〇（編集）
〇七五-三四三-五六五六（営業）
装幀者　山崎　登
印刷・製本　亜細亜印刷株式会社

ISBN 978-4-8318-6038-5 C1321

日本仏教史研究叢書

価格税別

法　藏　館